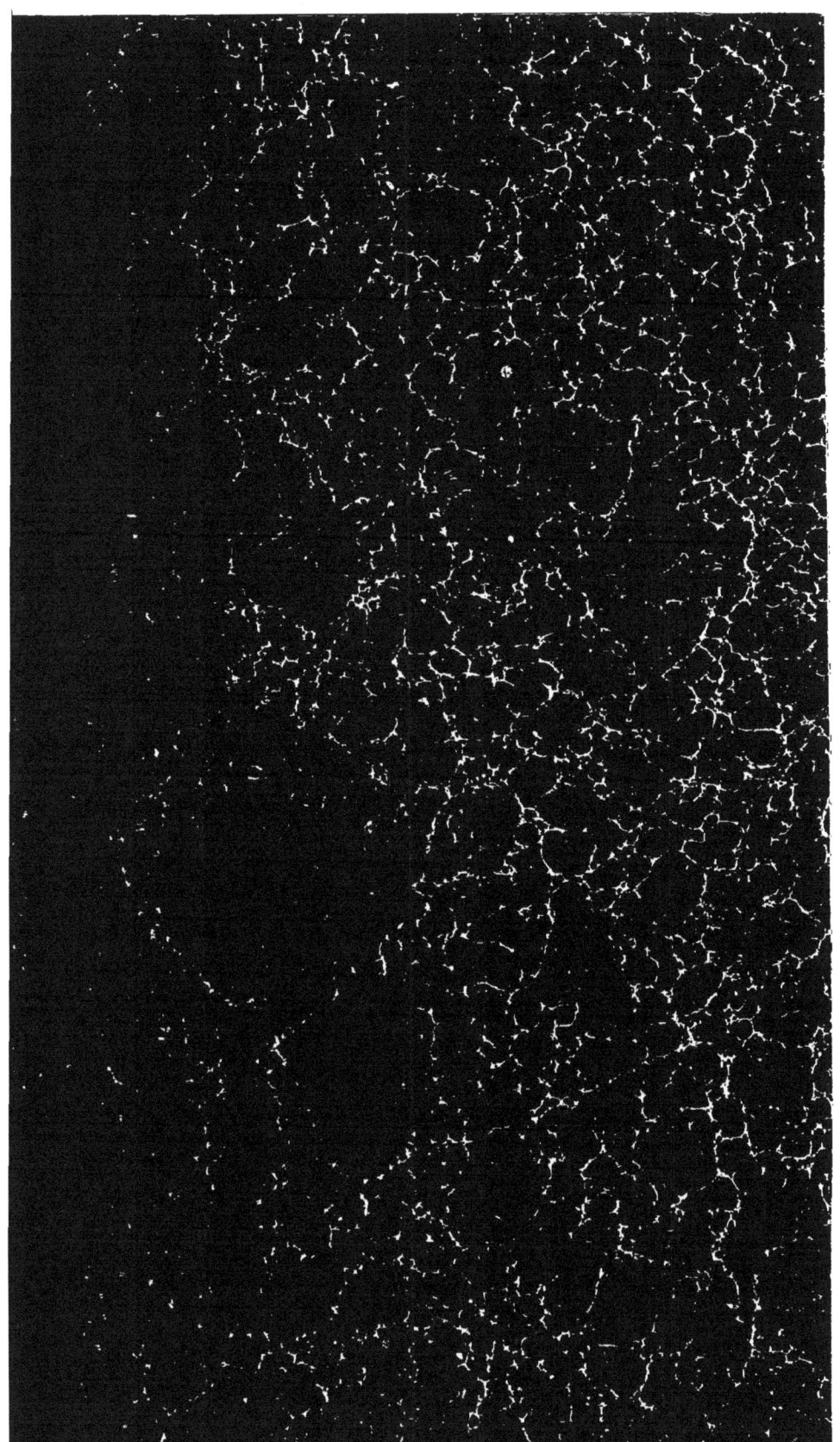

Larrey

HISTOIRE
DE LA DOUBLE
CONSPIRATION
DE 1800.

IMPRIMERIE DE STAHL,
RUE DU CLOITRE-NOTRE-DAME, n° 6.

HISTOIRE
DE LA DOUBLE
CONSPIRATION
DE 1800,
CONTRE LE GOUVERNEMENT CONSULAIRE,

ET

DE LA DÉPORTATION
QUI EUT LIEU DANS LA DEUXIÈME ANNÉE DU CONSULAT;

Contenant des détails authentiques et curieux sur la MACHINE INFERNALE et sur les DÉPORTÉS.

Avec une Carte géographique des Iles Séchelles *et deux plans*;

PAR M. FESCOURT.

PARIS,

GUILLAUME et Cie, Libraires, rue Hautefeuille, N° 14;
Salon Littéraire, Palais-Royal, gal. de pierre, N° 156.

1819.

PRÉFACE.

Je fis, il y a quelques années, un assez long séjour dans le midi de la France, et particulièrement à Lunel; Lefranc, l'un des déportés de l'an ix, qui était revenu de son exil, se trouvait alors, ainsi que son compagnon d'infortune Saunois, sous la surveillance des autorités locales, et il logeait dans la même maison que moi. Ayant quelquefois occasion de me voir, il me pria d'écrire l'histoire de sa déportation. Revenu, me disait-il, des illusions trompeuses qui avaient séduit et tourmenté sa jeunesse, il désirait faire connaître les grandes infortunes qu'il avait éprouvées, afin d'obtenir du gouvernement, en considération de tout ce qu'il avait souffert, l'autorisation d'aller s'établir, soit dans la capitale, soit dans une des principales villes de France, où il pourrait employer, plus avantageusement qu'à Lunel, ses talens d'architecte et de mécanicien. Il me remit un journal de ses voyages, et il offrit de me fournir tous les renseignemens et tous les détails qui pourraient m'être nécessaires.

Je fus touché de compassion à la lecture de ce journal, écrit sans aucun art, et par un homme qui me parut de la meilleure foi. Je pensai même que tout être sensible ne pourrait apprendre de telles infortunes sans ouvrir son cœur à la pitié, je dis tout être sensible, parce que, au récit de grandes catastrophes, l'opinion doit en quelque sorte se taire : nous n'avons besoin, pour plaindre l'homme accablé sous le poids du malheur, que de voir en lui notre semblable. D'ailleurs, tous les faits dont ils s'agit se lient à un événement très-remarquable, celui du 3 nivôse an IX, et sont entièrement du domaine de l'histoire.

Je dis à Lefranc que j'étais disposé à composer un ouvrage sur la double conjuration de 1800, contre le gouvernement consulaire, et sur la déportation qui eut lieu au sujet de la MACHINE INFERNALE; mais que mon intention était de mettre la vérité dans tout son jour.

Il m'assura qu'il ne la redoutait point, et qu'il répondrait, avec franchise, à toutes mes questions. Je le fis entrer dans une foule de détails, et je pris des notes sur ce qui lui était arrivé de plus intéressant, ainsi qu'à ses compagnons d'infortune, et sur ce qu'il avait vu et observé durant sa déportation ; mais je jugeai, dès-lors, qu'il convenait d'attendre une époque plus favorable pour composer et surtout pour publier un écrit, qui aurait pu avoir pour moi des suites très-fâcheuses.

Quelque temps après mon retour à Paris, je partis pour la Bretagne ; et, par un fort heureux hasard, j'eus l'occasion d'y faire la connaissance de MM. les capitaines Guieyesse et

Bonamy, qui avaient été chargés de transporter à leur destination les déportés de l'an ix.

Je priai M. Guieysse de me communiquer son journal de navigation ; il voulut bien satisfaire à cette demande, et il me donna, en outre, des renseignemens particuliers sur son voyage ; sur les proscrits dont le transport lui fut confié, ainsi que sur le lieu de leur exil. Je pris, dans le journal de M. Guieyesse, les détails qui pouvaient ajouter quelque intérêt à ma narration, et que Lefranc avait dû ignorer; et je ne vis pas, sans un plaisir extrême, que tout ce que je devais à l'obligeance de cet officier, s'accordait à merveille avec les faits que j'avais déjà consignés dans mes premières notes.

Quant à M. Bonamy, j'eus à regretter qu'il eût perdu son journal de navigation ; mais un officier très-instruit, qui avait fait partie de son état-major, me donna tous les renseignemens que je pus désirer.

Tout semblait favoriser mon projet. Un fonctionnaire, aussi distingué par son esprit que par ses qualités estimables, à qui j'avais demandé l'explication de plusieurs faits dont il était bien instruit, me dit un jour qu'il avait rendu quelques services à un déporté de l'an IX, nommé Vauversin ; que ce déporté lui avait remis un journal de ses voyages, ainsi que diverses pièces relatives à sa déportation, et que, si je le désirais, il me confierait le tout. J'acceptai cette offre obligeante, et je recueillis encore des détails fort intéressans.

Depuis mon départ de Lunel, je devais naturellement ignorer le sort de Lefranc, puisque, dans les seules relations que j'avais eues avec lui, je m'étais borné à recevoir un journal et à prendre des notes ; en effet, j'étais dans l'ignorance la plus profonde de tout ce qui était arrivé depuis à cet individu, lorsque j'appris, par la voie des journaux, qu'il se trouvait impliqué dans une nouvelle conspiration (1). Il parut bientôt après un écrit, publié sous son nom, et intitulé : LES IN-FORTUNES DE PLUSIEURS VICTIMES DE LA TYRANNIE DE NAPOLÉON BUONAPARTE ; mais je vis que ce n'était qu'une espèce

(1) Celle des *Patriotes de* 1816.

de roman, qui même ne pouvait pas être sorti de la plume, trop peu exercée, de cet ancien déporté.

Nul doute que Lefranc n'ait fourni des notes à l'écrivain officieux qui lui a prêté sa plume ; mais, n'ayant plus le journal de ses voyages, il n'a pu avoir recours qu'à sa mémoire, qui l'a très-mal servi, après un assez grand laps de temps et surtout à une époque où sa fâcheuse position devait occasionner quelque désordre dans ses idées. D'ailleurs, il est très-évident que, dans l'espoir de lui épargner le malheur d'être condamné à une nouvelle déportation, le véritable auteur du livre qui lui est attribué n'a eu d'autre intention que celle de représenter tous les déportés de l'an IX, et principalement son héros (la seule des victimes dont il ait écrit le nom), comme des philosophes vertueux, arrachés de leurs retraites, et de fulminer à chaque page contre la tyrannie et la férocité de Bonaparte. Aussi a-t-il renoncé à des vérités utiles et pleines de cet intérêt qui prend sa source dans des situations singulières et terribles, pour recourir à des aventures imaginaires et insignifiantes en elles-mêmes, mais qui étaient commandées par des circonstances impérieuses et remarquables. En donnant ainsi l'essor à son imagination, il ne s'est pas trop inquiété des réclamations et des démentis qui pourraient résulter de ses fables, et qui, après tout, n'auraient pu retomber que sur son héros seul. Il en résulte que le lecteur n'apprend rien des faits les plus importans pour l'histoire de cette époque. Un critique judicieux a dit, avec beaucoup de raison, que ce n'était-là ni raconter, ni peindre.

A présent que la condamnation de Lefranc paraît irrévocable, j'ai pensé que le public me saurait quelque gré d'exposer avec exactitude les causes d'un événement mémorable sur lequel il n'a encore rien appris de certain, et de lui faire connaître les déplorables résultats des mesures politiques qui furent ordonnées à la même époque.

J'ai, en conséquence, réuni toutes mes notes, et j'ai composé l'ouvrage que je publie aujourd'hui.

Pour être plus sûr encore de la fidélité de mon récit, j'ai récemment communiqué mon manuscrit à MM. les capitaines Bonamy et Guieyesse, qui habitent toujours la ville de l'Orient, où j'ai eu l'honneur de faire leur connaissance, et ils ont reconnu que tout ce que j'ai rapporté sur leur mission, leur navigation et les proscrits qu'ils avaient à leur bord, est parfaitement conforme à la vérité.

Il n'y a que quelques mots d'éloge que, par modestie, ils auraient voulu voir disparaître de l'ouvrage ; mais comme en cela je n'ai fait qu'exprimer ma façon de penser, je n'ai pas cru devoir céder à leur désir.

Au surplus, j'ai placé, à la fin du volume, quelques observations critiques sur le Livre attribué à Lefranc, pour que ceux de mes lecteurs qui ne l'auraient pas lu, pussent juger avec quelle exactitude et quelle bonne foi cette prétendue histoire a été écrite.

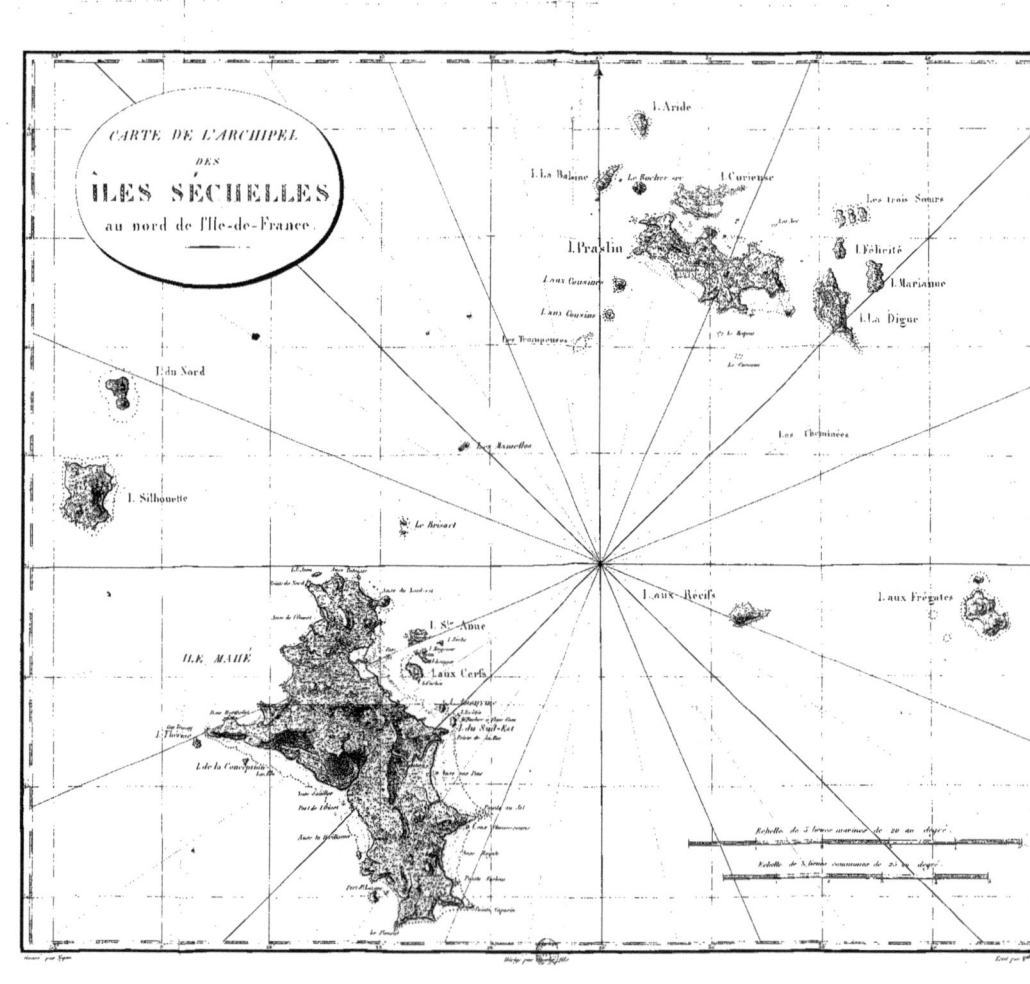

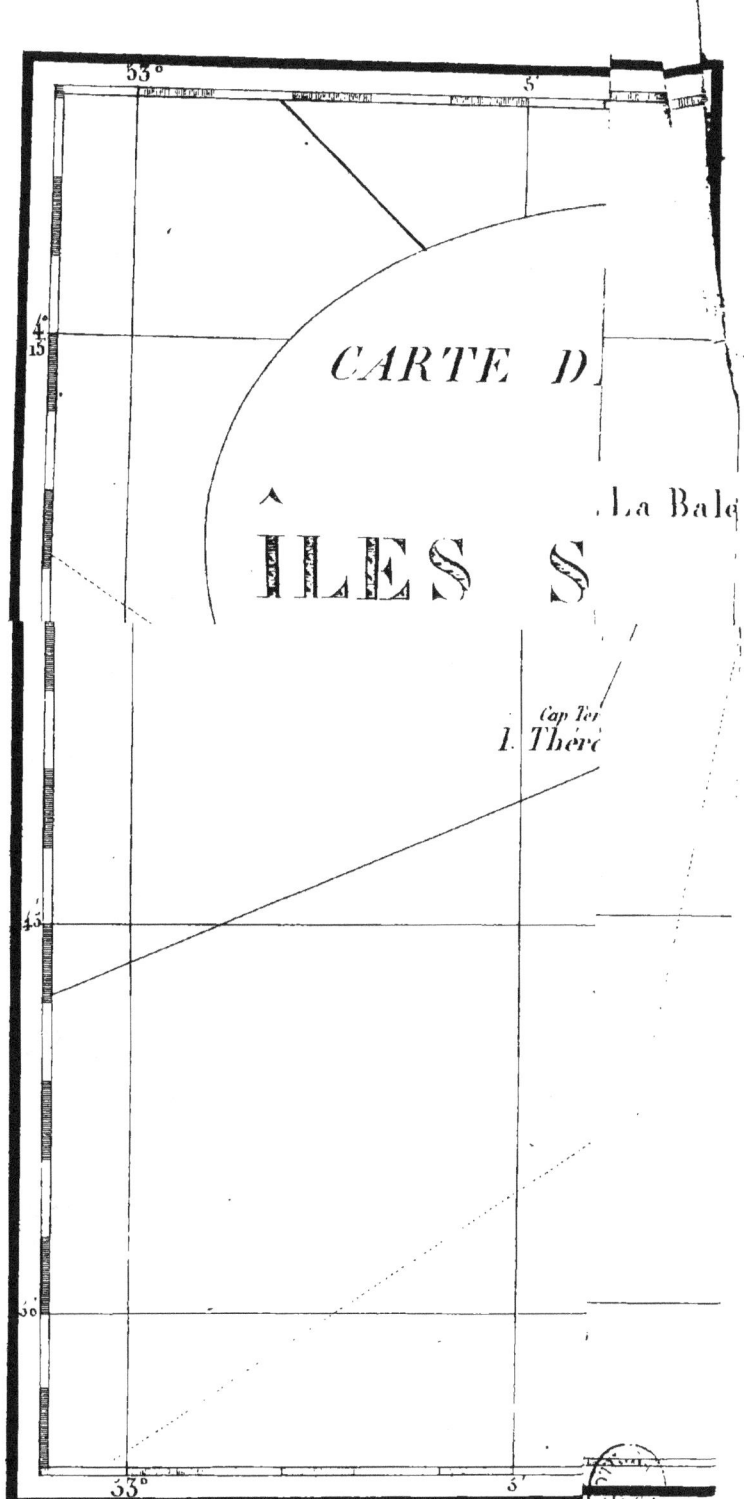

HISTOIRE
DE LA DOUBLE
CONSPIRATION
DE 1800,
CONTRE LE GOUVERNEMENT CONSULAIRE,

ET

DE LA DÉPORTATION

QUI EUT LIEU DANS LA DEUXIÈME ANNÉE DU CONSULAT.

BONAPARTE, ayant abandonné son armée en Egypte, avait pris, sous le titre de premier consul, les rênes du gouvernement ; et sa puissance, toujours croissante, inquiétait les plus zélés partisans de cette république, dont l'existence avait été signalée par de si grands malheurs. Ils prévoyaient déjà que ce général ambitieux saperait, par les fondemens, les restes de cet édifice, moitié grec, moitié romain, que nos Aristides et nos Brutus scellèrent du sang de tant de victimes.

Ce fut surtout après la célèbre bataille de Marengo, gagnée sur les Autrichiens, le 14 juin 1800, et où le général Desaix décida la victoire en perdant la vie, que les anarchistes éprouvèrent de vives inquiétudes sur les futurs destins de la république, et crurent qu'ils auraient tout à redouter des projets ambitieux du premier consul.

Les armées françaises étaient alors partout triomphantes; et Bonaparte, de retour dans la capitale, aurait joui de tous les charmes de la victoire, si une secrète jalousie, causée par les brillans succès de plusieurs de nos généraux, n'eût souvent empoisonné ses plus beaux triomphes. Monarque en quelque sorte, mais encore sous un titre plus modeste, il étendait progressivement sa domination et il donnait des lois à la France entière, lorsque les plus ardens anarchistes résolurent d'attenter à sa vie.

Pour mieux assurer le succès de leur entreprise, ils avaient besoin d'un chef courageux, dévoué à leur cause, capable de se mettre à la tête du peuple des faubourgs, qu'ils comptaient soulever, et des troupes qui pourraient se déclarer pour eux, supposé qu'ils parvinssent à renverser le gouvernement consulaire. Leur choix se fixa sur le général Rossignol, qui avait commandé en chef les armées républicaines et auquel il avait été permis nouvellement de venir résider à Paris.

Ce général révolutionnaire était en effet le chef qui pouvait seconder le mieux les desseins de ces conspirateurs. Il avait parcouru tout le cercle de la révolution, et souvent il poussait jusqu'au délire les excès de sa démagogie. Son avancement dans la carrière militaire avait été tellement rapide, qu'on aurait peine à le concevoir si on ne se portait point, par la pensée, vers ces époques de trouble et d'agitation.

Né à Paris en 1758, Rossignol entra au service dès l'année 1775, dans le régiment Royal-Roussillon ; huit ans plus tard, il obtint un congé absolu et revint à Paris, exercer la profession d'orfévre, qu'il avait déjà abandonnée et qu'il con-

-tinua jusqu'à l'époque de la révolution. Le 14 juillet 1789, il se trouva à la prise de la Bastille, et il reçut une blessure dans cette fameuse journée. Il fut ensuite nommé : en septembre de la même année, officier provisoire de la compagnie des vainqueurs de la Bastille ; en 1791, officier dans les gardes nationales; en 1792, capitaine et lieutenant - colonel dans la trente-cinquième division de gendarmerie à pied ; en juillet 1793, adjudant-général, général de brigade, général de division, enfin général en chef de l'armée des côtes de Brest. Le 5 août suivant, il défit les Vendéens à Doué, et, le 21 novembre de la même année, il eut le commandement en chef des armées de l'Ouest et des côtes de Brest. Suspendu de ses fonctions, le 27 avril 1794, par les représentans du peuple Bourdon (de l'Oise) et Goupilleau (de Fontenay), il fut conduit au château de Ham ; et, après quinze mois de détention, il comparut devant le tribunal criminel du département d'Eure-et-Loir, qui lui rendit la liberté.

Impliqué, en septembre 1796, dans la conspiration de Babœuf, il fut acquitté par jugement du 17 avril 1797. Le 4 septembre suivant, il se mit à la tête d'une insurrection formée par les habitans du faubourg Saint-Antoine, et il fut encore blessé dans cette journée. Le 2 juillet 1798, il reçut l'ordre de se rendre auprès du général Bonaparte, qui alors commandait en chef l'expédition de la mer Méditerranée; et, en attendant qu'il pût être employé, on l'admit au traitement de réforme de son grade. Par suite de cet ordre, il se rendit à Toulon, où le mauvais état de sa santé le retint pendant quelque temps. Enfin il sollicita et obtint, le 10 juillet 1800, l'autorisation de venir à Paris, pour y jouir de son traitement de réforme.

D'après le caractère, les principes et la conduite de Rossignol, on pense bien qu'il ne dût pas balancer entre la triste gloire d'être le chef d'un complot et la vie inactive qu'il menait depuis quelque temps, et qui lui était si peu naturelle. Cependant, comme il s'était trouvé impliqué dans plusieurs conspirations, qui avaient inutilement exposé ses jours, il voulut, cette fois, profiter en quelque sorte des leçons de l'expérience : il dit aux conjurés chargés de lui faire des propositions, que les *patriotes* pourraient compter sur lui, quand ils jugeraient ses services utiles à la patrie ; mais qu'il ne paraîtrait point dans leurs conciliabules, et qu'il ne prendrait aucune part directe à leurs complots ; il consentit seulement à recevoir de l'un d'entr'eux, qui avait sa confiance, les communications importantes qu'on aurait à lui faire. Il espérait, par cette marche détournée, que si la conspiration venait à être découverte, il ne serait l'objet d'aucune recherche, et que, dans le cas où il serait trahi par les conjurés eux-mêmes, on ne pourrait fournir contre lui des preuves assez fortes pour motiver une condamnation quelconque.

Les conjurés, certains d'être secondés, lorsqu'il en serait temps, par le général Rossignol, ne pensèrent plus qu'à l'exécution de leurs desseins. Il se trouvait parmi eux de redoutables athlètes de la révolution, tels que Pépin de Groubette, Bouïn, Mamin et Chrétien, qui, à l'exemple de Rossignol, agirent avec beaucoup de circonspection. D'autres conjurés, tels que Demerville, Chevalier, Metge, Humbert, Topino-Lebrun et Chapelle portèrent au contraire, dans toutes leurs démarches, une ardeur et un enthousiasme qui, en trahissant plusieurs fois leurs secrets, épargnèrent peut-être à la France le malheur de voir renaître, au milieu d'elle, l'exécrable régime de 1793.

Dans leurs premiers conciliabules, ils forment un plan de conspiration d'après lequel le premier consul doit être frappé lorsqu'il se trouvera au spectacle, à l'un de nos théâtres. Plusieurs conjurés, choisis parmi les plus intrépides, et armés de pistolets, de coutelas et de poignards, doivent se réunir en divers lieux voisins du spectacle où se rendra leur victime ; se diriger simultanément, à une heure convenue, sur le théâtre ; les uns, occasionner un grand tumulte au dehors; les autres, pénétrer dans l'intérieur de la salle, pour effrayer les spectateurs par des cris d'alarme; et, tandis que la foule se portera hors de l'enceinte du spectacle, ils doivent se précipiter sur le passage du premier consul, afin de le percer de coups avant qu'il puisse monter dans sa voiture. Il était convenu que les autres conjurés, quel qu'en fût le nombre, auraient à se rendre, le même soir, dans les faubourgs et les quartiers les plus peuplés de la capitale, pour y proclamer, à l'heure indiquée, la mort du premier consul; y faire entendre les cris de *vive la république ! à bas les tyrans !* et y organiser un soulèvement général. Ensuite ils se seraient emparés de l'Arsenal, des caisses publiques et de l'artillerie de Vincennes; enfin, maîtres de la capitale, ils devaient prendre des mesures pour soumettre la France entière, et y remettre en vigueur les lois de la *république une et indivisible*.

Lorsque ce plan fut arrêté, les conjurés étaient à peine au nombre de trente, et ils estimaient qu'il faudrait déjà au moins douze à quinze d'entr'eux pour faire réussir le coup de main qui devait avoir lieu au spectacle. Il n'en serait donc resté que quinze ou dix-huit pour exciter le peuple à la révolte. Ce nombre ne leur paraissant pas assez considérable, ils résolurent d'admettre, dans la conspiration, quinze ou vingt autres individus choisis dans ce que la capitale renfermait de plus zélés et de plus fermes *patriotes*.

Dès que Rossignol eut appris les intentions des conspirateurs, il remarqua qu'il y aurait du danger à faire de nouveaux prosélytes; qu'il fallait éviter un nombreux concours d'agens, pour ne pas s'exposer à des indiscrétions, qui font presque toujours manquer de semblables entreprises, et qu'il valait beaucoup mieux préparer secrétement les esprits dans la classe des artisans et des ouvriers, afin de rendre plus facile le soulèvement sur lequel on comptait; mais il exigea que cette opinion ne fût point présentée aux autres conspirateurs comme étant la sienne.

Cette réserve fut cause peut-être que les conjurés ne se rangèrent point de l'avis de Rossignol ; ils persistèrent dans la résolution d'augmenter leur nombre, et c'est ce qui fit échouer la conspiration.

Chapelle, l'un des agens subalternes de ce complot, et dont l'esprit était des plus exaltés, se conduisit avec une extrême imprudence, en voulant associer à l'entreprise un individu qu'il croyait animé de sentimens favorables à cette cause ; il lui dévoila les secrets des anarchistes, et la conspiration fut révélée.

On était alors vers le milieu du mois de septembre 1800. La police, qui, jusque-là, soupçonnait à peine les projets des anarchistes, fut tout-à-coup éclairée sur leurs véritables intentions ; et elle ne tarda pas à acquérir de nouvelles lumières par deux ou trois de ses agens, qui eurent l'adresse de se faire recevoir parmi les conjurés. C'est ce que cette police nommait elle-même ses mains invisibles. Elle fit arrêter une vingtaine d'individus, parmi lesquels se trouvaient Rossignol et ce Chapelle, dont l'imprudence venait de compromettre le sort de tous ses compagnons. Il y avait aussi parmi eux des personnes qui n'étaient point entrées dans la conjuration, mais que la police soupçonnait d'avoir eu des intelligences avec les conjurés.

Ces diverses arrestations, et surtout celle de Rossignol, causèrent le plus grand chagrin aux autres complices ; ils se conduisirent avec beaucoup de prudence, pour éviter de tomber dans les embuches de la police, qui exerçait sur eux une surveillance active ; mais ils ne renoncèrent point à leur plan de conspiration.

Dans les premiers jours du mois d'octobre suivant, leur ardeur se ranima. Ils avaient juré de délivrer leur chef et leurs compagnons détenus ; et la police, qui s'en rapportait à *ses mains invisibles* pour déjouer leurs nouvelles trames, ne paraissait plus en quelque sorte s'occuper de leurs démarches. Demerville, qui s'était mis à leur tête, agissait avec beaucoup d'activité. Ils surent bientôt que le premier consul avait l'intention d'aller à l'Opéra le vendredi 10 octobre (1), et ce jour devait être à leurs yeux celui de sa mort; mais la police, qui avait encore pénétré leurs secrets, fit arrêter à temps plusieurs conjurés, parmi lesquels se trouvaient Demerville, Topino-Lebrun, Ceracchi et Aréna. Ces deux derniers étaient des Italiens qui voulaient disputer à leurs compagnons la *gloire* de porter les premiers coups.

On dut croire que la conspiration ayant deux fois échoué, ceux des conspirateurs qui avaient échappé aux recherches de la police, renonceraient entièrement à l'exécution de leurs projets. Mais il n'en fut pas ainsi : Chevalier, l'un des principaux agens, ralluma quelque espoir dans le cœur des conjurés, en leur proposant un genre de destruction plus sûr et moins dangereux pour eux que le premier. Il s'agissait de faire périr le premier consul par l'explosion d'une machine infernale, imitée de

(1) 18 vendémiaire an IX.

celle que Frédéric Jambelle, ingénieur italien, employa pour la première fois, en 1585, durant le siège d'Anvers. Chevalier se chargea de construire lui-même cette machine, conjointement avec Veycer, l'un des complices.

Ils avaient à vaincre de grandes difficultés. Chevalier était déjà signalé à la police comme l'un des chefs les plus habiles de la conjuration ; il ne marchait plus qu'entre des précipices. Poursuivi avec persévérance, il se voyait contraint à changer souvent de demeure et d'asile, pour se soustraire aux recherches sans cesse dirigées contre lui. Il parvint cependant à construire, mais sur un plus petit modèle, la machine infernale qu'il avait proposé de mettre en œuvre. Elle consistait en un baril cerclé en fer et plein de poudre, de matières inflammables, de balles et d'objets meurtriers ; un fusil, garni de sa batterie, mais dont on avait coupé la crosse, tenait solidement au baril, de façon à communiquer le feu, sitôt qu'à l'aide d'une ficelle on eût fait partir la détente ; transportée sur une petite charrette, cette machine devait être placée sur le passage du premier consul, afin de briser sa voiture et de l'exterminer par une explosion spontanée, soit au moment où il irait au spectacle, soit lorsqu'il s'en retournerait au palais des Tuileries.

La conjuration, comme on voit, était parvenue à son terme le plus critique : si la machine infernale ne réussissait point, c'en était fait de tous les conjurés ; et si elle réussissait, comment prévoir le résultat de cet événement extraordinaire, puisque la majeure partie de leurs compagnons était au pouvoir du gouvernement ?

Enfin, ils n'attendaient plus qu'une occasion favorable pour user de leur dernière ressource, lorsque la police parvint à faire arrêter, dans la nuit du 7 au 8 novembre (1), les deux conspirateurs Chevalier et Veycer. On trouva, chez le premier, la machine dont il a été question,

---

(1) 16—17 brumaire an IX.

ainsi qu'une certaine quantité de matières inflammables, préparées pour servir au besoin. Plusieurs autres conjurés et diverses personnes, soupçonnées de n'être pas étrangères à la conjuration, furent également arrêtés à cette même époque.

Ce qui restait de conspirateurs n'était plus à craindre pour le gouvernement : errans et dispersés, ils n'osaient plus former aucune réunion, ou, s'ils se voyaient de temps à autre, ce n'était plus qu'au nombre de deux ou trois ; et les précautions qu'ils étaient contraints de prendre, les empêchaient de concevoir et encore moins d'exécuter aucun nouveau plan de conspiration. Toutefois la police, qui connaissait et leur persévérance et leur acharnement, ne négligeait rien de tout ce qui pouvait l'éclairer d'avance sur leurs nouvelles tentatives.

Les choses en étaient à-peu-près à ce point, lorsque plusieurs royalistes, qui regrettaient cette ancienne dynastie à laquelle la France dut quelques siècles de bonheur et de prospérité, conçurent le hardi projet d'attenter aussi à la vie du premier consul ; et si l'humanité eût à leur reprocher de s'être servis d'un funeste moyen, imaginé par des anarchistes furieux, la justice doit dire à leur louange qu'ils agirent du moins avec beaucoup de bravoure et de désintéressement.

Les circonstances parurent devoir favoriser le projet de ces royalistes, parmi lesquels étaient Saint-Régent, ancien officier de marine, et Limoëlan, major-général de l'armée vendéenne. La turbulente faction des anarchistes absorbait, depuis quelque temps, l'attention de la police, si bien que quelques hommes courageux et prudens, unis de sentimens et d'intention, pouvaient espérer de se soustraire à toute espèce de recherches.

Ces nouveaux conjurés, qui, en effet, n'éveillèrent point de soupçon, passèrent près d'un mois à former divers plans d'attaque ; mais ils ne purent en exécuter aucun, à cause de leur nombre trop peu considérable et des prudentes mesures que les autorités civiles et militaires ne cessaient de prendre, ou plutôt, que Bonaparte lui-même ordonnait chaque fois, pour sa propre conservation. Enfin, ce ne fut qu'après avoir renoncé à bien des projets, reconnus impraticables, qu'ils résolurent, ainsi que les anarchistes l'avaient déjà imaginé, de faire jouer une machine infernale sur le passage du premier consul.

Ce moyen, qui n'eut que d'inutiles et funestes résultats, servit même celui contre lequel il était dirigé ; car, comme la plupart des gouvernemens nouveaux se fondent souvent sur des ruines et des victimes, les royalistes et les républicains furent sacrifiés, et dès-lors le chemin du trône fut ouvert à l'homme dont la bizarre destinée était d'attirer sur lui toute l'attention et toute la haine des diverses nations de l'Europe.

Ce fut le 24 décembre 1800 (3 nivôse an IX), lorsque le premier consul se rendait à l'Opéra, que la machine infernale, placée à l'entrée de la rue Saint-Nicaise, fit une terrible explosion, qui retentit dans tous les quartiers de la capitale. Mais les mesures furent si mal prises que la voiture du premier consul se trouva hors de danger au moment de l'explosion (1).

Le choc ébranla beaucoup de maisons et coûta la vie à plusieurs individus (2).

Les menées des anarchistes attirèrent naturellement sur eux les soupçons de la police, qui ignorait alors jusqu'à l'existence des véritables auteurs de cette machine infernale ; et elle parut tellement

---

(1) On se servit d'une mêche pour mettre le feu à cette machine, et il était difficile d'en bien proportionner la durée à la distance que devait parcourir la voiture, à la vitesse des chevaux et au temps nécessaire pour fuir soi-même le danger. C'est sans doute à cause de cette difficulté que Chevalier avait donné la préférence à une batterie de fusil.

(2) D'après le Moniteur de ce temps-là, quarante-six maisons furent fortement ébranlées ou endommagées. On estima le dégât des immeubles à la somme de 40,845 f.; celui des meubles à celle de 123,645.

Les maisons nationales n'étaient point comprises dans cette estimation.

Huit personnes furent tuées et vingt-huit autres blessées, dont dix grièvement.

Ces détails ne paraissent pas exagérés.

fondée à les croire coupables de ce nouvel attentat, qu'ils avaient déjà conçu le projet d'employer un semblable moyen de destruction. Le ministre (1), interrogé avec véhémence par le chef du gouvernement, sur l'explosion qui venait d'exposer sa vie à un si grand péril (2), ne balança pas par conséquent à en accuser cette même classe d'hommes qui, depuis plusieurs mois, faisait tous ses efforts pour renverser sa puissance. Bonaparte, furieux, ordonna l'arrestation de tous les individus sur lesquels planerait le moindre soupçon.

D'après cet ordre, il fallait des coupables ou des victimes. La conjuration des anarchistes avait été presque entière-

----

(1) Fouché, aujourd'hui duc d'Otrante.

(2) On se rappèle sans doute, à cette occasion, le mot qui fut attribué à Bonaparte : *Si, dans une telle circonstance, j'étais ministre de la police, je me pendrais de désespoir.* Le ministre n'eut garde de suivre ce conseil; et il est même croyable, à en juger par ce que nous avons vu depuis cette époque, que si Bonaparte eût été en effet ministre de la police, il ne se serait pas pendu.

ment anéantie par l'arrestation du plus grand nombre des conjurés ; et, à l'exception de quelques autres, qui jouissaient encore d'une liberté sans cesse troublée par la crainte de la perdre, la police ne savait sur quels individus faire tomber le courroux du chef de l'Etat. En vain ses nombreux agens cherchaient-ils à lire dans toutes les consciences : partout on parlait de l'événement, mais on n'en connaissait nulle part les auteurs.

Néanmoins, comme il fallait de nouvelles arrestations pour n'être pas accusé d'une imprévoyance totale, on composa une liste de gens qui devaient être, pour ainsi dire, offerts en holocaustes au régulateur des destins de la France. On y porta d'abord les noms de tous les individus qui avaient déjà plus ou moins éveillé l'attention de la police ; mais cette liste se trouvant peu nombreuse, on y ajouta les noms de quelques mécontens qui murmuraient contre le gouvernement consulaire, ainsi que les noms de diverses personnes qui avaient partagé les erreurs de la révolution sans participer à ses crimes, et qui étaient alors entièrement étrangères à toute espèce de complot. La police ne s'en tint pas encore là, elle crut nécessaire, pour mieux irriter les honnêtes gens contre ses accusés, de compléter la liste avec les noms de sept ou huit de ces hommes, plus ou moins obscurs, qui avaient été les vils et aveugles instrumens des fureurs de Marat, de Robespierre, de Danton et de Saint-Just.

Pendant plusieurs jours les agens de la police, aidés de la gendarmerie, parcoururent tous les quartiers de la capitale, pour y faire les diverses arrestations. On visita jusqu'aux demeures les plus ignorées, pour atteindre des hommes qui, depuis la fameuse journée du 9 thermidor, semblaient avoir disparu de la scène du monde.

Toutefois les ennemis du gouvernement ne tardèrent pas à l'accuser d'être lui-même l'auteur de la machine infernale et d'avoir feint des dangers qui n'existaient point, afin d'avoir un prétexte spécieux pour envoyer à la mort les hommes qu'il redoutait, le plus, et pour bannir de la France ceux qui lui inspiraient les moindres craintes; mais, quoique Bonaparte et sa police eussent peut-être été capables d'inventer cette ruse infernale, il n'en est pas moins vrai, et les faits prouvèrent jusqu'à l'évidence que les jours du premier consul, despote encore novice, étaient également menacés par les deux partis les plus opposés qu'il y eût en Europe. Il est tout aussi vrai de dire que chacun de ces deux partis, dont le but était si différent, agit sans le concours de l'autre contre la puissance consulaire (1).

Peu de jours après ces nombreuses arrestations, la police découvrit le proprié-

(1) Il se trouve dans la vie des hommes qui ont acquis une grande célébrité, des situations si différentes, et ces situations influent tellement sur leur moral et sur leurs divers systêmes, qu'il est indispensable de les connaître pour bien juger ces êtres extraordinaires. Si cette assertion pouvait être contestée, il suffirait de comparer le commencement et la fin du règne de Bonaparte : on verrait pourquoi cet homme, si avide de puissance, s'est d'abord déclaré l'ennemi des républicains, et pourquoi il a terminé sa carrière politique en feignant d'être leur protecteur.

taire et le portier de la maison où la machine infernale avait été construite, ainsi que les ouvriers qui avaient travaillé à cette œuvre de destruction. On s'empressa de faire comparaître devant eux tous les individus qui avaient été arrêtés depuis le jour de l'explosion; car, pour les autres, ils ne pouvaient, en aucune manière, y avoir participé. Mais le propriétaire, le portier et les ouvriers déclarèrent, d'une voix unanime, que toutes les personnes inculpées dans l'affaire leur étaient entièrement inconnues. La police pensa dès-lors qu'elle aurait à suivre d'autres erremens, et que, nonobstant les coupables desseins et les différentes entreprises des anarchistes, ils n'étaient point les auteurs de l'explosion du 3 nivôse. Néanmoins, comme une partie des détenus avait tenté plusieurs fois de renverser le gouvernement, elle persista dans son acte d'accusation, avec cette différence que l'on mit en jugement les individus contre lesquels il existait des preuves réelles de culpabilité, et qu'on rendit à leurs familles des personnes qui, sans avoir été portées sur la fatale liste, furent arrêtées, soit par erreur, soit pour attester le zèle et l'activité des agens de police.

Parmi les conjurés mis en jugement, Demerville, Topino-Lebrun, Céracchi, Aréna, Metge, Humbert, Chapelle, Chevalier et Veycer, furent condamnés à la peine capitale; les quatre premiers, par le tribunal criminel du département de la Seine, et les cinq autres, par une commission militaire (1). Decreps fut acquitté.

(1) Lorsque Babœuf fut mis en jugement, par suite de sa conspiration de 1796, il demanda que plusieurs personnes domiciliées aux îles d'Amérique, à Alger, à Saint-Pétersbourg, etc., fussent assignées comme témoins à décharge. Demerville, qui avait demandé, lui, que le consul Cambacérès fût de même assigné comme témoin, se plaignit de ce qu'il n'eût pas encore comparu. « Je l'ai assigné, dit le commissaire du gouvernement : » j'ai fait tout ce que je pouvais faire pour vous. — Je » demande de nouveau, répliqua Demerville, que le » tribunal lui enjoigne de comparaître. — Le tribunal » n'en a pas le droit, répondit le président : la com- » parution des témoins à décharge est volontaire pour » eux. Ne point comparaître, c'est répondre ; c'est dire » qu'ils n'ont rien à déclarer en faveur de l'accusé. —

Quant à tous les autres détenus, qui étaient au nombre de cent trente, en y comprenant les personnes arrêtées avant et après l'explosion du 3 nivôse, la police assura que s'ils n'étaient point tous coupables, ils donnaient tous trop d'ombrage au gouvernement pour ne pas devenir l'objet d'une mesure politique. Voici de quelles expressions le ministre se servit à leur sujet, dans un rapport du 1er janvier 1801 (1) :

« C'est une guerre atroce, qui ne peut
» être terminée que par un acte de haute
» police extraordinaire.

» Parmi ces hommes que la police vient
» de signaler (2), tous n'ont pas été pris
» le poignard à la main ; mais tous sont
» universellement connus pour être capables de l'aiguiser et de le prendre. »

» Cicéron, descendant du Capitole, répliqua encore
» Demerville, n'hésitait pas à entrer dans le *Forum*
» pour défendre ses concitoyens. »

(1) 11 nivôse an IX.

(2) Les cent trente détenus.

Ainsi donc cent trente citoyens furent livrés à l'animadversion publique et désignés comme devant subir une peine infamante, parce qu'on les croyait capables d'aiguiser et de prendre le poignard des conspirateurs. Les anarchistes n'étaient point les auteurs de l'explosion du 3 nivôse ; la police, il est vrai, était encore en quelque sorte autorisée à les croire coupables de cet attentat ; mais parmi eux le nombre des véritables conjurés, c'est-à-dire, de ceux qui tramaient directement contre la vie du premier consul, ne dut guère s'élever au-delà d'une trentaine ; car, après l'arrestation de Rossignol et de Chapelle, peu de personnes durent être tentées de courir les chances d'une conspiration éventée. Ceux, au contraire, qui s'y étaient déjà engagés, qui avaient déjà encouru les peines portées par les lois, qui avaient fait, pour ainsi dire, le sacrifice de leur vie, et qui, d'ailleurs, avaient intérêt de délivrer leurs compagnons détenus, dont ils pouvaient craindre les déclarations ; ceux-là seuls durent persister dans leurs projets et dans leurs plans de conspiration. Or, puisqu'il n'y avait eu qu'une trentaine de conjurés et que dix se trouvaient alors au pouvoir de la justice, il ne devait exister qu'une vingtaine de coupables parmi les cent trente individus désignés comme tels par le ministre de la police. Les cent dix autres, par conséquent, étaient innocens des crimes dont on les accusait. D'ailleurs, par le fait même de l'accusation, ils devaient être livrés aux tribunaux, qui auraient condamné les coupables et auraient rendu la liberté à ceux qui n'avaient rien fait pour mériter de la perdre. Un acte de haute police extraordinaire, en confondant l'innocence avec le crime, était donc attentatoire tout à la fois à la justice universelle, à la sûreté publique et aux lois de l'Etat.

Mais, avouons-le, c'est précisément parce qu'il se trouvait un si grand nombre d'innocens parmi les cent trente individus qu'on ne voulut point employer envers eux les voies ordinaires et légales. S'il eût été question d'un certain nombre de militaires, un conseil de guerre eût été promptement convoqué, Bonaparte en aurait choisi les membres, non parmi ces guerriers vieillis dans les camps et dont le caractère connu était étranger à ces sortes de menées ; mais parmi quelques officiers d'antichambre et de boudoir, dont le fer ne brilla jamais que dans les jours de cérémonie, et il aurait pu, au besoin, dicter lui-même la sentence. Comme il ne s'agissait guère que de simples particuliers, l'affaire eût été du ressort des tribunaux ; et Bonaparte, qui portait partout la corruption, n'osait pas encore la faire pénétrer dans le sanctuaire des lois et de la justice. Il eût donc craint de laisser échapper sa proie en faisant prononcer un jugement légal ; car les présomptions de la police ne pouvaient tenir lieu de preuves matérielles, et il en aurait fallu pour motiver la condamnation de ses accusés.

Trois conseillers d'état (1), chargés de

(1) MM. Rœderer, Siméon et Portalis.

faire un rapport sur la conspiration, déclarèrent qu'aucune loi criminelle ne pouvait atteindre les accusés ; que néanmoins ils croyaient nécessaire, pour la sûreté du premier consul et pour la tranquillité de la France, de les exiler au-delà des mers. Nous ne dirons point que cette mesure fut dictée par le gouvernement ; mais comme elle était conforme à sa politique, elle fut adoptée sans aucun autre examen. Cependant, pour la mettre à exécution, il ne suffisait point qu'elle eût été proposée, il fallait qu'elle obtînt l'approbation des premières autorités. Bonaparte envoya en conséquence, au conseil d'état, un acte du gouvernement qui, sans instruction préalable, sans preuve de culpabilité et sans jugement, ordonnait la mise en surveillance spéciale des cent trente détenus, hors du territoire européen de la république. Le conseil décida que cet acte serait porté au sénat conservateur, pour devenir la matière d'un sénatus-consulte, qui prononcerait sur la question de savoir si la mesure ordonnée par les consuls était conservatrice de la constitution.

Ce sénat, dont presque tous les membres se courbaient déjà devant l'idole; ce sénat, qu'on disait entièrement composé de l'élite des Français, et dont l'institution semblait garantir les droits de tous les citoyens, déclara qu'un acte anti-constitutionnel était une mesure conservatrice de la constitution.

Le fameux sénatus-consulte, dont il s'agit, fut rendu le 5 janvier 1801 (1), et dès le 6 du même mois, le ministre de la marine (2) ordonna à l'administration maritime de Nantes, d'accélérer l'armement de la frégate *la Chiffonne* et de la corvette *la Flèche*, qui avaient été construites, la première sur les chantiers de Paimbœuf (3), la seconde sur ceux de Nantes, et qui devaient servir au transport des individus

(1) 15 nivôse an IX.

(2) M. Forfaix.

(3) Petite ville à dix lieues ouest-quart-nord-ouest de Nantes.

condamnés à la déportation. Le capitaine Guieyesse, qui avait déjà fait les voyages de l'Inde, était nommé depuis plusieurs mois au commandement de la frégate ; le ministre de la marine, desirant que la corvette fut également commandée par un capitaine qui eût voyagé sur la mer des Indes, chargea le général Decrès, alors préfet maritime à l'Orient, de pourvoir au commandement de cette corvette, et celui-ci fixa son choix sur le capitaine Bonamy (1), qui n'accepta ce commandement qu'avec beaucoup de répugnance, parce qu'il lui fallait déplacer M. Gémon, excellent officier, qui avait déjà entrepris l'armement de *la Flèche* (2).

(1) M. Bonamy est aujourd'hui capitaine de vaisseau ; il a été compris sur la liste qui, en exécution de l'ordonnance du 22 octobre 1817, présente les noms des officiers de tous grades qui composent actuellement le corps de la marine. Il ne pouvait pas attendre moins de ses talens distingués.

(2) M. Gémon, qui est maintenant capitaine de vaisseau, fait aussi partie du nouveau corps de la marine.

Les capitaines Guieyesse et Bonamy reçurent l'ordre de tout préparer pour mettre à la voile dans une quinzaine de jours; de prendre des vivres pour cinq mois de traversée, et de disposer les deux bâtimens de façon à recevoir un grand nombre de passagers ; le ministre de la marine prévint même le capitaine Guieyesse qu'il en serait embarqué cent cinquante à bord de *la Chiffonne*. On ignore à quelle intention cet avis était donné, puisque l'arrêté des consuls ne faisait mention que de cent trente individus et que d'ailleurs *la Flèche* devait en recevoir une partie.

Le 9 janvier 1801, on conduisit des prisons de Sainte-Pélagie à Bicêtre les quarante détenus ci-après dénommés ; et, le lendemain, à l'exception du nommé Roussel, qu'on laissa à Bicêtre, d'après un ordre supérieur, on les fit partir pour Nantes, sous l'escorte d'un fort détachement de gendarmerie.

Voici les noms des quarante détenus du premier transport (1) :

Bouïn (*Mathurin*), ex-juge-de-paix ;
Pepin de Grouhette (*Pierre-Athanase-Nicolas*), commis, ex-juge d'un tribunal du 17 août 1792 ;
Joly (*René*), lieutenant à la trente-deuxième demi-brigade de ligne ;
Maignan (*Joseph*), négociant ;
Mamin (*Jean-Gratien-Alexandre-Petit*);
Chrétien (*Pierre-Nicolas*), limonadier, ex-juré au tribunal révolutionnaire ;
Moneuse (*Pierre-Martin*), marchand de vin, ex-officier-municipal ;
Delrue (*Jean-Baptiste-Edouard-Joseph*), imprimeur ;
Cardinaux (*Pierre-Maurice*) ;
Boniface (*Antoine*);
Bormans (*Adrien-Antoine*) ;
Chateauneuf, père (*Joseph-Hugot*) ;

---

(1) On n'indique, dans cette liste et dans celle qui suit, que les professions sur lesquelles il a été possible d'avoir quelque certitude.

CHATEAUNEUF, fils (*Philippe-Valery-Hugot*);
CHEVAL (*Charles-Auguste*);
DELABARRE (*Robert-Guillaume-Antoine*);
DUFOUR (*François*);
EON (*Paul-Marie-Dominique-Bonaventure*);
FLAMANT (*Claude*), imprimeur;
GASPARD (*Gilles*);
GOSSET (*Jean-Marie*);
GOSSET (*Louis*);
JALLABERT (*Etienne*), coiffeur;
L'AGÉRALDY (*Jean-Pierre*);
LACOMBE (*Bertrand*), marchand tailleur;
LEROY (*Julien*), dit EGLATOR;
LE SUEUR (*Jean-Nicolas*);
LINAGE (*Jean-Pierre*);
LINAGE (*Christophe*);
MARLET (*Michel*);
MARCONNET (*Ambroise*);
MASSARD (*Guillaume-Gilles-Anne*);
MÉTIVIER (*Pierre*);
MILLIÈRES (*François*);
NIQUILLE (*Jean*);
PRÉVÔT (*Gabriel-Antoine*);

Quinon (*Joseph*) ;

Roussel (*Robert*), laissé à Bicêtre d'après un ordre supérieur ;

Serpolet (*Nicolas-François-Deslyonnais*) ;

Tréhant (*Jean-Nicolas-Paul*) ;

Vauversin (*Pierre*).

Sept jours après le départ du premier transport, on en fit partir un second, qui fut également dirigé sur la ville de Nantes, et qui comprenait les trente-deux détenus dont les noms suivent :

Rossignol (*Jean*), général de division, ex-général en chef des armées de l'Ouest et des côtes de Brest ;

Lefebvre (*Pierre-Jean*), colonel de gendarmerie ;

Derville (*Georges-Laurent*), lieutenant au seizième régiment de cavalerie ;

Pradel (*Jean-Baptiste*), fournisseur ;

Barbier (*Jean-François*), vérificateur de la comptabilité des hôpitaux militaires ;

Vanheck (*Jean-Baptiste*), propriétaire ;
Dupont (*Guillaume-Jean*), propriétaire ;
Lefranc (*Jean-Baptiste-Antoine*), architecte et mécanicien ;
Thirot (*Claude*), rentier ;
Saunois (*Charles*), commis ;
Guilhemat (*Bertrand*), imprimeur ;
Vacray (*Jean-Martin*), bonnetier ;
Richon (*Jean-Pierre*), fabricant de soie ;
Richardet (*Claude-Marie*), limonadier ;
Thirion (*François-Firmin*), limonadier ;
Taillefer (*Jacques*), marchand de vin ;
Breban (*Jacques*) ;
Crevalier (*Claude-Louis*),
Corchant (*André*) ;
Dusoussy (*Joseph-Fainéant*) ;
Fourgeon (*François*) ;
Frenière (*Barthélemy*) ;
Georget (*Jean-Baptiste-François*) ;
Gerbaux (*Jean-Louis*) ;
Jacquot-Villeneuve (*Chrisostóme-Jean*);
Laporte (*Antoine-Jean-Baptiste*) ;
Moreau (*Louis*), ébéniste ;
Pachon (*Charles*), marchand fripier ;

Paris (*Nicolas*) ;
Saint-Amand (*Jacques-Gallebois*) ;
Soullier (*Nicolas*) ;
Vitra (*Agricole-Louis*).

Il se trouvait, parmi ces soixante-onze individus, des hommes qui avaient acquis une exécrable célébrité durant les temps les plus affreux de la révolution ; des mécontens, qui inspiraient des craintes au gouvernement, et des hommes connus surtout par les ridicules et les travers dont nos malheureuses époques fournirent tant d'exemples ; des hommes qui croyaient posséder toutes les vertus héroïques des anciens Romains, lorsqu'ils prononçaient avec enthousiasme les mots de *république* et de *liberté*. Toujours séduits par l'espoir trompeur de voir renaître en France les beaux jours d'Athènes et de Rome, ils aidèrent eux-mêmes à creuser l'abîme qui devait les engloutir (1).

(1) Lefranc était de ces derniers. Il me semble que je ne puis me dispenser de faire connaître mon opinion sur

Ces soixante-onze individus reçurent les plus mauvais traitemens sur la route de

cet homme, qui a figuré dans une affaire récente, que j'ai pu être à même de juger et dont j'aurai souvent l'occasion de parler dans la suite de cet ouvrage.

Lefranc a de l'esprit naturel; il est tout à la fois observateur, inventif et industrieux; mais il est tout-à-fait étranger à l'art d'écrire. Il ne paraît pas un méchant homme, et la dissimulation paraît encore moins son défaut. Pendant plus de huit ans, qu'il a passés à Lunel, il s'y est conduit avec honneur, et aucune plainte ne s'est élévée contre lui. Toutefois il a été impliqué dans de fâcheuses affaires et surtout dans un affreux complot, tramé contre le meilleur des rois. Comment expliquer ce contraste? Voici mes conjectures à ce sujet, et je les crois justes: Lefranc a partagé les erreurs de la révolution, et il s'est lié, dès le principe, avec des hommes inquiets et remuans; il n'a pas eu ensuite assez de force de caractère pour rompre avec eux, et c'est cette faiblesse qui a été comme la source de tous ses malheurs. Il connaissait Rossignol avant que celui-ci se fût lancé dans la tourbe des révolutionnaires. Cette connaissance lui a été funeste: en 1796, il fut arrêté à cause de ses liaisons avec ce général et avec des hommes qui murmuraient contre le directoire, et qui se trouvaient compromis dans l'affaire de Babœuf; mais il fut acquitté, parce qu'il était innocent. A l'époque de la machine infernale, il fut encore arrêté à cause de ces fatales liaisons, car il n'avait point conspiré contre le gouvernement consulaire. Du reste, il fallait alors des victimes, et il suf-

Paris à Nantes. La police les avait dépeints, sans exception, comme des monstres furieux, et s'était servie à leur égard des épithètes de *scélérats* et d'*enragés*. Il n'en fallut pas d'avantage pour soulever contre eux toutes les communes, surtout celles de la Bretagne, composées en grande partie de ces soldats-citoyens qui avaient servi dans les armées royales, et qui avaient

fisait qu'il eût paru le moins du monde dans la procédure de Babœuf pour qu'on ne l'épargnât pas.

Si l'on consulte maintenant l'instruction de la fameuse procédure de 1816, on voit que c'est un imprimeur de sa connaissance qui a occasionné ses nouveaux malheurs. Il se rend (d'après cette même procédure) dans un lieu public, avec cet imprimeur; il s'y trouve quelques factieux; dès qu'il a pénétré leur intention, il se déclare contre leurs projets; il leur parle le langage de la raison. Ensuite il se laisse séduire aux instigations de son dangereux ami, qui peut-être même a abusé de sa confiance. Il se plaignait de la tyrannie de Bonaparte à son égard; il n'avait pas tort, mais il aurait eu plus de raison encore de se plaindre de ses anciennes et fatales connaissances, et d'y renoncer pour le reste de ses jours, qu'il aurait alors passés dans le repos, à l'abri des orages politiques. Combien d'hommes nés avec les plus heureuses dispositions, se sont trouvés les victimes de leurs liaisons ou de leur imprudence!

en horreur tous les hommes réputés pour avoir joué un rôle dans les scènes sanglantes de la révolution. Peu s'en fallut aussi que plusieurs proscrits ne terminassent leur voyage dans cette même province.

Indépendamment de ces deux transports, on fit partir, à la même époque, pour l'île de Ré (1), les quatre détenus ci-après dénommés :

TALOT (*Michel-Louis*), adjudant-commandant, membre du corps-législatif à l'époque du 18 brumaire an VIII, ex-représentant du peuple ;

Le prince CHARLES DE HESSE, ancien général de division au service de France ;

LEPELLETIER (*Félix*), ancien aide-de-camp du prince de Lambesc ;

DESTREM (*Hugues*), membre du corps législatif à l'époque du 18 brumaire an VIII.

Ils ne furent remis en liberté qu'après

(1) Ile du département de la Charente-Inférieure, à trois lieues de la Rochelle.

avoir subi, dans cette île, le premier une détention de quatorze mois, et les trois autres une détention de près de deux ans et demi (1).

(1) Le premier sortit de prison avec ordre d'aller rejoindre l'expédition de Saint-Domingue, pour y être employé dans son grade ; il se rendit à Cholet, où il est né, afin de prendre, avec sa famille, les arrangemens que nécessitait son départ ; il essuya, dans cette ville, une maladie grave, et il ne partit point. Deux ans plus tard, il fut admis au traitement de réforme. En 1809, il reçut l'ordre de rejoindre, en poste, l'armée de la tête de Flandre ; il se rendit à Gand et de là à Breskens ; mais l'expédition anglaise, qui avait occasionné ce mouvement de troupes, ayant manqué son but, l'armée de la tête de Flandre fut réunie à celle d'Anvers, et il se trouva compris dans une grande réforme, qui eut lieu parmi les officiers supérieurs. Il retournait dans ses foyers, lorsqu'en passant par Paris, il se vit tout-à-coup entouré de surveillans, au moment où il montait dans une diligence, rue Montmartre, cour de la Jussienne. C'était pendant la nuit : un garçon d'écurie, qui éclairait aux voyageurs, lui suscita à dessein une querelle, et lui vomit, à la portière de la voiture, toutes les injures imaginables. Ces gens lui auraient vraisemblablement fait un fort mauvais parti, s'il n'eût été prévenu d'avance de leurs intentions, et s'il ne se fût contenu pendant près d'une heure, que dura cette scène scandaleuse. Le conducteur paraissait n'oser partir avant que la troupe *moucharde* le lui permît. Au mois d'avril

Ils étaient déjà tous loin de Paris, lorsque la police découvrit les véritables auteurs de la machine infernale. Bonaparte, qui redoutait encore plus les royalistes que les républicains, ne balança pourtant point à les livrer aux tribunaux. Mais il faut considérer qu'il ne hasardait rien en faisant poursuivre juridiquement ces derniers accusés : preuves écrites,

1811, il fut admis au *minimum* de la solde de retraite de son grade. Depuis le mois de mai 1815, il habite la ville d'Angers, où, cinq ans avant la révolution, il avait été agréé pour plaider au tribunal de commerce, et où il mène une vie fort retirée.

Le second est de la maison de Hesse-Darmstadt; il est retourné en Allemagne, sa patrie.

Le troisième est le frère de Lepelletier de Saint-Fargeau, tué par un ancien garde-du-corps, nommé Paris, le 20 janvier 1793. Son père était conseiller au parlement de Paris. Il a été membre de la chambre des députés, pendant les cent jours. Compris dans l'ordonnance du 24 juillet 1815, il est sorti de France peu de temps après le retour du Roi.

Le quatrième était un riche négociant de Toulouse. Les persécutions qu'il éprouva, depuis le 18 brumaire an VIII, causèrent sa ruine et sa mort. Il y a sept ou huit ans qu'il a été enlevé à sa famille, qui est très-nombreuse.

témoins, aveux, tout lui donnait l'entière assurance que les juges prononceraient contre eux une condamnation selon toute la rigueur des lois. Aussi le ministre de la police demanda-t-il lui-même leur mise en jugement, dans son rapport du 31 janvier 1801 (1).

On ne peut s'empêcher de remarquer ici que la police, qui avait employé, à l'égard des républicains, des mots faits pour exciter la plus vive indignation, se servit d'expressions tout aussi odieuses pour peindre le caractère des royalistes : d'après le système de cette police, on aurait pu conclure qu'il n'y avait d'honnêtes gens, en France, que les hommes dévoués à Bonaparte.

Ce fut dans les premiers jours du mois d'avril, que les véritables auteurs de la machine infernale furent mis en jugement. Alors retentirent, dans les tribunaux, les noms de Saint-Régent (2), de Carbon,

(1) 11 pluviôse an IX.

(2) Ce fut Saint-Régent qui mit le feu à la machine

de Joyaux, de Lahaye Saint-Hilaire, de Limoëlan et de Hyde-Neuville. Le 6 du même mois (1), ils furent condamnés à la peine de mort. Les deux premiers, qui étaient au pouvoir du gouvernement, périrent victimes de leur dévouement pour cette cause qu'ils servaient sans aucune apparence de succès et qui ne devait triompher qu'après les événemens les plus extraordinaires (2).

Dès que le gouvernement eut pénétré les secrets de la seconde conjuration, il agit avec un peu moins de rigueur envers

___

infernale. L'explosion le jeta contre une borne, pendant qu'il s'éloignait, et faillit, ce jour même, lui coûter la vie.

(1) 16 germinal an IX.

(2) Saint-Régent entendit sans émotion la lecture du jugement qui le condamnait à mort, et il demanda à être exécuté dans les vingt-quatre heures. Cependant, d'après le conseil de son défenseur, il appela de cette sentence, qui fut confirmée, le 19 avril 1801 (a), par le tribunal de cassation. Le surlendemain, 21 avril, Saint-Régent et Carbon reçurent la mort avec courage.

(a) 29 germinal an IX.

les individus qui étaient restés dans les prisons de la capitale. On renonça au projet de les exiler au-delà des mers; mais on en mit très-peu en liberté : presque tous furent envoyés dans diverses prisons d'état, où ils subirent une détention plus ou moins longue. Quant à ceux qui avaient été conduits à Nantes, et parmi lesquels se trouvaient les anarchistes les plus remuans et les plus redoutables, le gouvernement, loin de rien changer aux mesures sévères qu'il avait ordonnées, multiplia, au contraire, les ordres les plus précis pour leur prompt éloignement de la France.

Afin de loger, le plus commodément possible, le grand nombre de proscrits qui étaient annoncés par le ministre de la marine, l'intérieur de la frégate *la Chiffonne* et de la corvette *la Flèche* fut clos et partagé en petites cabanes à deux étages, depuis le milieu de la fausse sainte-barbe, jusqu'à l'arrière du grand panneau de la cambuse. Mais on n'envoya à Nantes, et l'on ne transporta hors du territoire continental de la France, que les individus mentionnés dans les deux premières listes que nous avons rapportées plus haut (1). En attendant le jour de leur embarquement, on les enferma dans une prison flottante, où ils furent activement surveillés, et où toute espèce de communication avec les habitans leur fut interdite.

Nonobstant les ordres, sans cesse renouvelés, du ministre de la marine, le départ des proscrits éprouva de longs retards. Dans toutes les saisons de l'année, la Loire présente beaucoup d'obstacles pour l'armement des grands vaisseaux, et ces obstacles sont presque toujours insurmontables en hiver, à cause des glaçons qui couvrent souvent la surface de ce fleuve. Le trajet de Paimbœuf à Saint-Nazaire (2), qui n'est que de trois lieues, ne peut se faire, pour les grands bâtimens,

---

(1) On croit généralement que Bonaparte fit déporter les cent trente détenus; mais c'est une erreur.

(2) Saint-Nazaire est un gros bourg, avec un port, à l'embouchure de la Loire.

que dans les hautes marées, et encore est-il nécessaire que le vent soit favorable.

La corvette *la Flèche* qui, en raison de sa plus grande légèreté, tirait moins d'eau que la frégate *la Chiffonne*, entreprit beaucoup plus tôt ce trajet; et comme, d'après les ordres ministériels, les trente-neuf proscrits du premier transport devaient être embarqués sur celui des deux bâtimens qui le premier serait en état de mettre à la voile, on les fit partir par eau et sous l'escorte d'un fort piquet de gendarmerie, pour les conduire à bord de la corvette. Lorsqu'ils furent arrivés devant Paimbœuf, un courrier joignit les gendarmes et communiqua un ordre supérieur, en vertu duquel le nommé Leroy fut débarqué dans cette ville. Les trente-huit autres proscrits, immédiatement après leur arrivée à Saint-Nazaire, furent embarqués à bord de *la Flèche*, qui leva l'ancre et gagna la pleine mer, le 16 février 1801 (1).

(1) 27 pluviôse an IX.

Jusqu'au jour de leur embarquement, la majeure partie de ces détenus avaient conservé quelque espérance ; ils avaient laissé dans la capitale, les uns des parens et des amis, les autres des partisans nombreux : le premier consul pouvait tomber sous les coups d'un républicain dévoué à leur cause, et la chute de ce seul homme aurait brisé leurs fers. Mais, lorsqu'il leur fallut quitter la terre natale pour entrer dans cette demeure flottante, qui allait les transporter sur des plages lointaines et entièrement inconnues d'eux, un horrible avenir sembla se dévoiler à leurs yeux ; ils sentirent tous les déchiremens de la douleur et du désespoir. Ceux-là même, qui paraissaient avoir un cœur d'airain, éprouvèrent, dans ces momens pénibles, les plus grandes et les plus vives émotions.

Cependant ils étaient diversement affectés : les uns faisaient éclater la fureur et la rage ; d'autres, dans leur éloquent silence, peignaient la tristesse, la douleur et les regrets. Quelques-uns, et ils comptaient précisément parmi ceux dont le cœur était moins coupable, avaient quitté une femme et des enfans, qui perdaient en eux leurs seuls soutiens et leurs seules espérances... Des larmes amères inondaient leurs visages, et de longs gémissemens s'échappaient de leurs poitrines.

Depuis le 30 janvier, *la Chiffonne* était prête à lever l'ancre, pour gagner l'embouchure de la Loire; mais comme les marées ne s'élevaient pas à proportion de son grand tirant d'eau, elle fut obligée d'attendre jusqu'au 30 mars, pour que la marée et le vent lui permissent de se rendre à la rade de Maindin, située à l'embouchure de ce fleuve, vis-à-vis Saint-Nazaire. Ce n'est que là que l'on put compléter l'armement de cette frégate. On y embarqua les vivres, l'artillerie, les poudres, etc. (1).

(1) Quoique *la Chiffonne* ait été construite à Paimbœuf, l'administration de la marine, qui réside à Nantes, préfère, pour la construction des frégates, les chantiers de la Bassinte, gros bourg situé sur la rive droite de la Loire, à trois lieues au-dessous de cette ville. Il est vrai que, pour la descente de ces bâtimens, le fleuve manque

La Chiffonne était à peine arrivée à cette rade, que trois frégates anglaises, qui croisaient près de la côte, vinrent occuper l'entrée de la Loire.

Le 5 avril, les trente-deux déportés du second transport, escortés, comme ceux du premier, par un piquet de gendarmerie, furent conduits à bord de *la Chiffonne*.

Le capitaine Guieyesse, qui comptait recevoir sur son bord les cent cinquante détenus que lui avait annoncés le ministre de la marine, ne vit pas, sans une grande satisfaction, que ce nombre considérable

de profondeur depuis la Bassinte jusqu'à Paimbœuf ; mais on a imaginé un moyen fort ingénieux pour suppléer à ce défaut de profondeur : avant de lancer à l'eau une frégate, on l'entoure de gros tonneaux vides, que l'on fixe sur sa carène ; cette ceinture, qui lui est ôtée lorsqu'elle est rendue à Paimbœuf, la soutient pendant le trajet, et la préserve des dangers qu'elle pourrait courir en s'enfonçant trop dans le fleuve. Tout ce qui constitue l'armement de cette frégate est ensuite transporté de Nantes à Paimbœuf ; encore a-t-on l'attention de ne pas trop la charger jusqu'à ce qu'elle soit parvenue à la rade de Maindin ; car ce n'est que là qu'il est possible d'en achever l'armement.

de proscrits se réduisait à trente-deux. Néanmoins il ne changea rien aux dispositions du réglement suivant, qu'il avait déjà fait afficher dans l'entrepont de la frégate, jugeant plus convenable d'y apporter, dans la suite, tous les adoucissemens que les circonstances pourraient lui permettre :

RÉGLEMENT pour les Détenus de LA CHIFFONNE.

« ART. Ier. Le citoyen Cudenec, capi-
» taine, commandant le détachement de
» la 68me demi-brigade de ligne, em-
» barqué à bord de la frégate, est spécia-
» lement chargé de la garde et de la
» police des détenus, d'après l'ordre de
» service que lui transmettra le comman-
» dant de *la Chiffonne*.

» II. Tous les jours, lorsque le bâti-
» ment sera en rade ou dans les relâches,
» il sera fait un appel nominal des
» détenus, par l'officier préposé à leur
» garde.

» III. Les détenus seront logés dans
» les cabanes construites pour cet effet
» dans l'entrepont, en arrière du pan-
» neau de la cambuse jusqu'à la cloison
» de la fausse sainte-barbe, et séparés de
» l'équipage par une cloison. Il sera
» fourni à chacun d'eux un matelas et
» une couverture. On posera une senti-
» nelle à la porte de ce logement.

» IV. Il sera permis aux détenus de
» monter à tour de rôle sur les gaillards
» et sur les passe-avants, pour y prendre
» l'air, toutes les fois que les mouvemens
» du bord ne s'y opposeront point.

» V. Aucun détenu ne pourra engager
» de conversation avec les gens de l'équi-
» page qu'en présence de l'officier préposé
» à leur garde. Il est expressément dé-
» fendu de les insulter, sous peine d'une
» punition prompte et exemplaire.

» VI. Les détenus recevront en rade
» et à la mer la même nourriture que
» l'équipage, et ils mangeront soit dans
» leur logement, soit autour du panneau
» de la cambuse. L'officier de santé en

» chef désignera ceux dont le tempé-
» rament ne leur permettra pas de sup-
» porter en entier cette nourriture, et
» alors il leur sera accordé des douceurs
» particulières.

» VII. L'officier de santé en chef visi-
» tera tous les jours les détenus ; ceux
» qui éprouveraient quelque maladie ou
» quelque indisposition, seraient traités
» et soignés avec tous les égards dus au
» malheur.

» VIII. Le logement des détenus sera
» nétoyé deux fois par jour, matin et
» soir ; le nétoyement achevé, l'officier de
» santé en chef parfumera l'emplacement
» avec du genièvre mêlé d'encens, et pu-
» rifiera l'air avec de l'acide sulphurique.

» IX. Dans le cas où le bâtiment
» serait poursuivi ou attaqué par l'en-
» nemi, les détenus seraient enfermés
» pendant la durée de la chasse ou de
» l'action.

» X. Toutes les fois que les détenus
» auront à faire quelques réclamations,
» il s'adresseront à l'officier préposé à

» leur garde, qui en rendra compte au
» commandant.

XI. » S'il s'élevait quelque discussion
» ou quelque rixe entre les détenus, la
» dispute cesserait à la première injonc-
» tion qui leur en serait faite, sous peine
» de punition ; mais cette punition serait
» toujours ordonnée par le commandant.

» XII. L'officier préposé spécialement
» à la garde des détenus aura toujours
» pour eux les égards que l'on doit au
» malheur ; il n'oubliera jamais que s'il
» faut les surveiller, il faut aussi éviter
» toute mesure de sévérité qui aggrave-
» rait inutilement leur position.

» A bord de la frégate *la Chiffonne*,
» en rade de Maindin, le 12 germinal,
» an IX. »

GUIEYESSE.

La Chiffonne fut bloquée par les trois frégates anglaises jusqu'au 13 avril (1) : un

(1) 23 germinal an IX.

coup de vent de nord-est les força ce jour-là de s'éloigner de la côte, et le capitaine Guiéyesse voulut profiter de cette circonstance pour sortir de l'embouchure de la Loire. Cependant l'appareillage était pénible et dangereux, et neuf hommes de l'équipage, accompagnés d'un officier et de l'agent comptable, s'étaient rendus dès la veille à Paimbœuf pour transporter à bord de la frégate une partie des rafraîchissemens qu'on avait laissée dans cette ville. Mais, malgré ces fâcheux inconvéniens, comme il valait encore mieux gagner tout de suite le large que d'attendre le retour d'un ennemi supérieur en forces, le capitaine mit à la voile, en sacrifiant ses ancres et ses câbles, que la violence du vent ne lui permit pas de lever.

La Chiffonne portait trente-six bouches à feu du calibre de douze, et elle avait deux cent soixante-neuf hommes d'équipage, déduction faite des onze dont on n'avait pu attendre le retour.

Personne sur la frégate ne savait en quelle partie du monde seraient déposés les trente-deux proscrits. Le capitaine, qui l'ignorait lui-même, avait reçu du ministre de la marine des instructions préliminaires et un paquet cacheté dont il ne devait faire l'ouverture que lorsqu'il serait parvenu au large du cap Finistère. Ce paquet contenait ses instructions ultérieures.

La Chiffonne navigua, par un fort beau temps, à l'ouest-sud-ouest. Le 17 avril, le capitaine Guieyesse se trouva au lieu qui lui était désigné pour prendre connaissance de ses nouvelles instructions; il ouvrit le paquet, et il vit que c'était à l'île Mahé, la principale des Séchelles, située dans la mer des Indes, à deux cent cinquante lieues (1) nord-est de la pointe nord de Madagascar, que devaient être débarqués les trente-deux proscrits dont le transport lui était confié. Le gouvernement attachait une si grande importance à la réussite de cette mission, qu'il

(1) Cette distance et toutes celles indiquées dans la suite de cet ouvrage sont en lieues communes de France, de vingt-cinq au degré.

était enjoint au capitaine Guieyesse de garder envers les proscrits, et même envers ses officiers, le plus profond secret sur leur destination : ils devaient tous l'ignorer jusqu'au jour même de leur arrivée aux îles Séchelles.

La Chiffonne, faisant quatre-vingts lieues par vingt-quatre heures, parvint le 21 avril à la hauteur de l'île Madère, qu'elle doubla à l'ouest. Elle avait déjà essuyé quelque mauvais temps; plusieurs lames qui avaient pénétré jusque dans les soutes à biscuits, firent concevoir au capitaine quelqu'inquiétude sur l'état de ses vivres; il les visita avec soin, afin d'aller les renouveler aux îles Canaries, s'il s'en trouvait une certaine quantité d'avariés; mais, après s'être assuré qu'il n'y avait qu'environ trois quintaux de biscuits qui eussent été endommagés par l'eau, il continua sa navigation de manière à passer au large des îles du Cap-Vert et à traverser bientôt la ligne équinoxiale par les vingt à vingt-cinq degrés de longitude ouest du méridien de Paris.

On a vu que personne, excepté le capitaine, ne savait quel était le pays qui devait recevoir les déportés. Tout le monde sur la frégate s'épuisait en conjectures pour deviner un secret qui excitait la curiosité de chacun en particulier. Ce soin occupait surtout les proscrits dont l'existence dépendait en quelque sorte du lieu de leur exil. Chaque jour ils observaient la direction de la frégate ; mais rien encore ne servait de preuve à leurs calculs, parce que la route que suivait le capitaine pouvait tout aussi bien les conduire à Cayenne qu'au de-là du cap de Bonne-Espérance. L'ignorance dans laquelle on les laissait à cet égard semblait leur annoncer quelque chose de sinistre. Cependant leurs desirs, leurs vœux et leurs espérances se portaient vers Cayenne. Ce n'est pas qu'ils ignorassent combien leurs jours seraient exposés dans un pays où l'air est si insalubre ; mais indépendamment de ce qu'ils pouvaient rencontrer tout autre part un climat aussi malsain, ils pensaient que la position de cette colonie et ses relations avec la France leur offriraient de faciles moyens d'en sortir. Ils conservèrent leurs espérances jusqu'au 29 avril, qui fut pour eux un jour de deuil et de douleur.

Le capitaine, en raison de leur nombre peu considérable, leur laissait assez de liberté pour s'établir sur le pont depuis le lever jusqu'au coucher du soleil ; ils pouvaient ainsi former leurs conjectures sur celles des officiers et des aspirans de marine : or, le 29 avril, la frégate se dirigeant plus au sud, ces diverses personnes reconnurent, d'après cette route nouvelle, que Cayenne n'était point décidément le lieu de leur destination (1).

(1) A bord des vaisseaux, des frégates, etc., indépendamment du capitaine, les officiers, les aspirans, les maîtres et les aides-pilotes observent chaque jour, avec assez de connaissance, la latitude et la longitude du lieu où l'on se trouve en mer, et calculent le nombre de nœuds que le bâtiment a filés pendant les vingt-quatre heures. D'après les ordonnances de la marine, ces diverses personnes sont obligées de soumettre, tous les jours, leur travail au capitaine. Ainsi, comme le chemin qu'a fait le bâtiment et le rumb de vent qu'il a parcouru se marquent sur un registre, appelé table de Loch, qui peut

Les proscrits qui jusque-là avaient montré assez de résignation, parurent abattus et découragés; la plus sombre tristesse se peignit dans leurs regards, et ils devinrent beaucoup moins communicatifs : l'idée d'être transportés au-delà du cap de Bonne-Espérance, jetait le désespoir dans leur âme; ils semblaient dire un éternel adieu à leur patrie et à tout ce qu'ils y avaient laissé de plus cher.

Le 6 mai, *la Chiffonne* passa la ligne par les vingt-cinq degrés de longitude occidentale. Elle n'avait mis, par conséquent, que vingt-trois jours pour parvenir à treize cents lieues de l'embouchure de la Loire, et tout paraissait promettre un heureux terme à ce long voyage. Parmi l'équipage et les proscrits il ne se trouvait pas un seul homme dont la santé fut altérée. Mais si ces derniers avaient conservé toutes leurs forces physiques,

être consulté par tout le monde, il est facile de savoir, en mer, vers quel point le capitaine a l'intention de diriger son vaisseau.

leur moral n'en était pas moins affecté : le secret que l'on gardait toujours sur le lieu de leur exil excitait continuellement en eux une vive et pénible inquiétude. Néanmoins leur conduite fut telle, que le capitaine Guieyesse n'eut pas une seule fois sujet de les réprimander. Il est vrai que les hommes les plus turbulens et les plus dangereux de tous ceux qui étaient condamnés à cette déportation avaient été embarqués sur la corvette *la Flèche*. Aussi verra-t-on dans la suite que le capitaine Bonamy n'eut pas également lieu d'être satisfait de la conduite de ses proscrits.

Peu de jours après avoir passé la ligne, *la Chiffonne* fut entraînée par les calmes et les courans, vers les côtes du Brésil, où elle fit la prise d'une goëlette portugaise, chargée de sel, qui sortait de Rio-Grande, et se rendait à Saint-Pierre. On enleva de cette goëlette quelques malles de marchandises, telles qu'indiennes, toiles, mouchoirs, etc., que le capitaine Guieyesse fit distribuer à ses matelots, dont la majeure partie avait été embarquée sans effets. Plusieurs déportés, qui n'avaient pu se pourvoir de linge, durant leur détention à Paris, ou qui avaient perdu leurs effets sur la route de cette ville à Nantes, reçurent également de ces marchandises ; et comme le besoin rend industrieux, ils témoignèrent le désir de travailler eux-mêmes à remonter leur garde-robe. On leur procura tout ce qui leur était nécessaire, et ils se donnèrent ainsi de l'occupation pendant une partie de la traversée.

Le capitaine Guieyesse devait, d'après ses instructions, reconnaître les bâtimens qu'il rencontrerait sur sa route, afin d'annoncer l'état de guerre où étaient le Danemarck et la Suède avec l'Angleterre, à ceux de ces bâtimens qui appartiendraient à l'une des deux premières puissances. Le 19 mai, par vingt-neuf degrés de longitude occidentale et seize degrés de latitude méridionale, le capitaine fit forcer de voiles pour joindre un bâtiment qui était en vue de *la Chiffonne ;* mais dès que ce bâtiment vit avancer la frégate, il cingla vers les côtes du Brésil, pour éviter le combat. *La Chiffonne* lui donna la chasse pendant plusieurs heures, et lorsqu'elle parvint à la portée du canon, on reconnut que c'était une corvette portugaise. Il s'engagea alors un combat opiniâtre. Cette corvette, qu'on appelait *l'Hirondelle*, allait de Lisbonne à Rio-Janeiro; elle était armée de vingt-quatre bouches à feu, dont vingt-deux obusiers de vingt-quatre et deux canons de neuf, et elle avait cent cinquante-six hommes d'équipage.

Pendant l'action, les proscrits furent renfermés dans leur logement; mais le général Rossignol viola la consigne du factionnaire qui était chargé de les surveiller, et monta sur le pont, pour offrir au commandant ses services et ceux de tous ses compagnons. Le capitaine ne put que lui savoir gré de ce trait de bravoure, qu'on retrouve chez tous les Français; mais il ne voulut point que les détenus prissent part au combat.

Après avoir soutenu le feu pendant plus d'une heure, *l'Hirondelle* fut démâtée de ses mâts de hune, ses basses vergues furent coupées, et elle amena son pavillon. Elle eut quatorze hommes hors de combat, dont six tués et huit blessés. *La Chiffonne* eut huit hommes blessés ; un seul, qui l'était grièvement, mourut au bout de quelques jours.

Le capitaine Guieysse prit deux des plus fortes ancres de la corvette, pour remplacer celles qu'il avait abandonnées au moment de son départ de France. Il fit retirer aussi, de ce bâtiment, deux cables, les cordages et les voiles de rechange, les armes, la poudre et divers autres objets qui pouvaient lui être utiles dans la suite de sa navigation. Il fit jeter à la mer toute l'artillerie de *l'Hirondelle;* et comme la longueur du voyage ne lui permettait pas de prendre sur son bord les cent cinquante portugais, il leur fit signer l'engagement de ne servir ni contre la France, ni contre ses alliés, jusqu'à ce qu'ils eussent été compris dans quelque échange de prisonniers. Il leur laissa ensuite le corps du bâtiment, pour se rendre à la côte du Brésil. Ce bâtiment désemparé, n'avait plus que pour quinze jours de vivres, mais il n'était alors qu'à environ deux cents lieues de la côte.

Dans les premiers jours qui suivirent celui de la prise de *l'Hirondelle*, *la Chiffonne* fut contrariée par des calmes, mais on profita de ce temps pour réparer diverses avaries que le grément de cette frégate avait éprouvées pendant le combat.

Le cinquante-neuvième jour de son départ de France (11 juin), *la Chiffonne*, ayant le vent favorable et faisant de trois à quatre lieues par heure, trouva le fond sur le banc des Aiguilles, par quatre-vingts brasses d'eau, et eut connaissance du cap des Aiguilles, situé à environ dix lieues nord-est de distance de l'endroit où elle était.

Le 16 juin, *la Chiffonne* rencontra à l'entrée du canal de Mozambique (1), par trente-quatre degrés de latitude méridionale, le navire anglais *la Bellone*, allant

---

(1) Détroit de la mer des Indes, entre l'île de Madagascar et le continent de l'Afrique.

du Bengale à Londres. Un seul coup de canon tiré du bord de la frégate sur le bâtiment ennemi le força d'amener son pavillon. Ce navire, du port de onze à douze cents tonneaux, était un des plus richement chargés qui fussent jamais sortis de Calcutta ; l'état de sa cargaison se montait à douze lacks (2) de roupies ou 3,600,000 francs. Le vent soufflait avec violence, et la mer furieusement agitée, rendait la communication très-difficile ; mais comme il était urgent de s'assurer d'une prise de cette importance, le capitaine Guieyesse fit tout disposer pour l'amariner. Le lieutenant de vaisseau Geler parvint, après bien des difficultés, à se rendre à bord de *la Bellone*. Les deux bâtimens étaient déjà parvenus à la portée de la voix, et *la Bellone* allait mettre en panne, lorsque par un faux coup de gouvernail ce navire fut lancé sur la frégate avec une telle impétuosité, que l'on ne put éviter l'abor-

(2) Mot indien. Le lack de roupies fait douze mille cinq cents livres sterling.

dage. Le choc endommagea fortement *la Chiffonne*; il lui rompit en trois morceaux le mât de beaupré, qui, dans sa chute, entraîna le mât de misaine. Aussitôt que le capitaine anglais vit que la frégate était hors d'état de le poursuivre, il profita de cette circonstance pour s'échapper en déployant toutes ses voiles et en gardant, comme prisonnier, le lieutenant de vaisseau Geler, qui venait de monter à bord de *la Bellone*.

Lorsque cet accident imprévu arriva il était à peu-près neuf heures du matin. Le capitaine Guieyesse fit construire à la hâte une petite mâture, et vers midi il se mit de nouveau à la poursuite du navire anglais. Toute cette manœuvre fut exécutée avec une telle précision, qu'à quatre heures du soir *la Chiffonne* rejoignit le navire, et lui fit amener son pavillon pour la seconde fois. Sur quatre-vingts hommes qui composaient l'équipage de ce bâtiment, le capitaine Guieyesse en fit passer quarante sur *la Chiffonne*; il confia la prise à l'enseigne de vaisseau

Mahé, lui donna vingt-cinq hommes d'équipage pris de la frégate, et lui enjoignit de se rendre directement à l'Ile-de-France. Cette colonie, qui ne recevait depuis long-tems aucun secours de la métropole, se servit du produit de cette riche capture pour subvenir à ses dépenses les plus urgentes.

Le 7 juillet, à environ six lieues nord de l'île Remire, l'une des Amirantes, le capitaine Guieyesse fit la découverte de deux îlots qui ne sont indiqués sur aucune carte. Ils parurent dangereux, à cause de leur peu d'élévation au-dessus de la surface de la mer. Quelques bouquets d'arbre seulement les font découvrir ; on pourrait, par un beau temps, les apercevoir de deux lieues et demie. Le capitaine estima que l'étendue de ces deux îlots est de deux lieues du nord au sud et d'une demi-lieue de l'est à l'ouest.

Le 11 du même mois, après quatre-vingt-neuf jours de traversée, *la Chiffonne* mouilla l'ancre dans le port de l'île Mahé, lieu de sa destination.

Le capitaine envoya sur-le-champ un de ses officiers auprès de M. Quéau de Quinssy, commandant civil et militaire de l'établissement des Séchelles, pour lui faire connaître la mission dont il était chargé. M. de Quinssy répondit que la présence des déportés blesserait les intérêts des anciens habitans, qui auraient à craindre la rupture d'une capitulation qu'ils avaient faite, en 1794, avec les Anglais; capitulation en vertu de laquelle la colonie jouissait d'une neutralité très-avantageuse à son commerce. Il promit néanmoins que sous trois jours il recevrait les déportés. Ce temps lui était, disait-il, nécessaire pour faire quelques dispositions qui lui paraissaient indispensables.

Les habitans ne tardèrent pas à apprendre que la frégate leur amenait de nouveaux colons; ils en témoignèrent tous leur mécontentement, et la plupart déclarèrent qu'ils s'opposeraient à leur débarquement dans la colonie. Trois jours après l'arrivée de *la Chiffonne*, la tranquillité se trouvant rétablie parmi les habitans, le capitaine Guieyesse fit conduire à terre, dans le plus grand ordre, les trente-deux individus qui composaient le second transport de proscrits. Il les passa en revue devant l'établissement; les mit à la disposition du commandant des Séchelles, et fit dresser, à ce sujet, procès-verbal en double expédition.

Plusieurs habitans, que la curiosité avait attirés, se chargèrent d'une partie des proscrits; les autres restèrent à l'établissement, où tous les jours on leur distribua en abondance du riz, du poisson et de la tortue.

Depuis l'année 1794, époque où la colonie des Séchelles obtint du gouvernement anglais dans l'Inde, une capitulation favorable à son commerce, elle avait prospéré d'une manière prodigieuse. Sa population, qui auparavant n'était que de cinq ou six familles et d'environ deux cents esclaves, s'élevait en 1801, dans les trois îles Mahé, Praslin et la Digue, à plus de quatre-vingts familles et à près de deux mille noirs. Cette prospérité extraordinaire est due à la facilité qu'avaient les habitans de naviguer dans l'Inde et à la côte d'Afrique, sous le pavillon particulier des Séchelles, qui était une enseigne bleue sur laquelle étaient tracés en blanc les mots *Séchelles, Capitulation*.

Les îles Séchelles ont un terrein sablonneux ; elles sont hérissées de montagnes et couvertes en grande partie de cocotiers, de palmiers, de manguiers, de palmistes, d'ébéniers, de lataniers, de bois d'olive et de natte, d'arbres à pommes de singe et de superbes tatamacas, sorte d'acajou, que l'on emploie à la construction des vaisseaux et dont on fait des pirogues tout d'une pièce, longues de vingt-quatre, trente et trente-six pieds sur cinq ou six de largeur.

Ces îles produisent du riz, du maïs, des ananas, des bananes, des patates, des racines de manioc, des citrons, des noix muscades, de la cannelle, des clous de girofle et principalement de très-beau coton. Elles fournissent beaucoup de poissons et une quantité prodigieuse de carets et de plusieurs autres espèces de tortues de terre et de mer. Les bois y sont remplis d'oiseaux, tels qu'aigrettes, tourterelles, pigeons, veuves, poules bleues, perroquets noirs et verts. Ces derniers surtout y sont très-communs. L'air y est salubre ; l'eau abondante et bonne.

Il n'y a aux Séchelles qu'un seul commandant, dont le pouvoir est très-étendu, quoique l'établissement de cette colonie soit soumis au gouvernement de l'Ile-de-France. On n'y trouve aucun ministre de religion ni aucun homme de loi : quand il survient parmi les habitans quelque cause majeure, on est obligé de la faire plaider à l'Ile-de-France, qui est à trois cent quatre-vingt-dix lieues de distance. Plusieurs habitans ont chacun un navire ; ils font le commerce et la traite des nègres.

On élève aux Séchelles beaucoup de volaille et de cochons que l'on emploie en grande partie au ravitaillement des vaisseaux qui viennent s'y rafraîchir et y acheter des écailles de tortues.

Les premiers navigateurs qui relâchèrent à ces îles les trouvèrent peuplées de caïmans ou crocodiles monstrueux. Bien que l'on soit parvenu à en diminuer le nombre, ils y font encore de grands ravages; malheur aux hommes et aux animaux qui se laissent surprendre par ces redoutables amphibies : ils s'élancent sur eux avec tant de promptitude, qu'il est difficile de leur échapper.

Ces parages sont infestés de requins et de torpilles, que l'on aperçoit continuellement le long des côtes. En 1801, on y remarquait un de ces premiers animaux qui se montrait fort souvent et qui passait pour le plus énorme qu'on eût encore vu. Les habitans, dont il était la terreur, lui donnaient quarante pieds de long; mais il est à croire que cette longueur était exagérée.

L'île Mahé, la principale des Séchelles, a été découverte le 19 novembre 1742. Elle a sept lieues de long, du nord au sud;

quatre et demie de large, de l'est à l'ouest, et environ vint-deux de circonférence. Son établissement est situé par quatre degrés trente-neuf minutes de latitude méridionale et par cinquante-trois degrés treize minutes de longitude à l'orient du méridien de Paris. Le port et la rade de cette île sont ouverts aux vaisseaux de toutes les nations. Elle est très-haute et entourée de récifs; mais il ne s'y trouve presque aucun moyen de défense : un bâtiment armé de quatre pièces de canon y ferait la loi.

Le premier habitant des Séchelles se fixa à l'île Sainte-Anne, qui est voisine de la côte orientale de Mahé. Cet homme, qui se nommait Hangard, existait encore en 1801, mais il avait tout à fait perdu la vue. Il servait comme matelot sur un bâtiment qui relâcha aux îles Séchelles. Il demanda à être déposé dans l'île Sainte-Anne, dont la situation lui parut des plus favorables. On lui donna quelques nègres, des armes, des instrumens aratoires, et tout ce qui pouvait lui être nécessaire au commencement de son séjour dans la colonie. Ses habitations, les plus belles et les plus riches de ces îles, étaient cultivées, en 1801, par plus de deux cents noirs. La vente des tortues avait beaucoup contribué à la fortune de cet ancien colon.

La petite île aux *Chauve-Souris*, qui touche presque à la côte orientale de Mahé, près de la *Pointe-au-Sel*, au sud-sud-est de l'île Sainte-Anne, n'est remarquable que par une quantité prodigieuse des animaux dont elle porte le nom, et qui l'habitent préférablement aux autres îles de cet archipel. Semblables à ceux que l'on voit en diverses contrées de l'Afrique et des Indes, ils sont d'une grosseur extraordinaire. Les nègres et même les colons en mangent la chair.

L'île Praslin est située à huit lieues et demie nord-est de Mahé; elle a trois lieues de long, une et un tiers de large et environ neuf de circuit. Elle est la seule de toutes ces îles, et même du monde connu, qui produise le coco de mer. Ce fruit, dont la grosseur offre une circonférence de deux à trois pieds, sert à plusieurs sortes d'usage. Les habitans font avec la coque des bassins à barbe et des vases, dans lesquels l'eau conserve beaucoup de fraîcheur. Au moyen de ces vases, on peut se passer, aux îles Séchelles, des alcarrazas, ou cruches rafraîchissantes, dont se servent les Espagnols, les Arabes, les Egyptiens et plusieurs autres nations, pour rafraîchir l'eau que l'on veut boire. L'arbre qui porte le coco de mer a de quarante à cinquante pieds de hauteur; les palmes qui, au nombre de dix à douze, en couronnent la tête et lui donnent la forme d'un éventail, ont une vingtaine de pieds de long. Avant l'année 1769, époque où l'île Praslin a été visitée pour la première fois, on ignorait d'où provenait cette espèce de coco, que l'on trouvait sur les côtes occidentales des Maldives, éloignées d'environ cinq cents lieues, et vers lesquelles, détaché de son arbre et tombant dans la mer, il était porté par les vagues et entraîné par les courans. C'est de là que lui est venu le nom de coco de mer.

On peut consulter la carte qui se trouve au frontispice de ce livre, pour avoir une idée juste de la position, de la forme et de l'étendue de ces îles, ainsi que de plusieurs autres qui font partie de cet archipel, et dont nous ne parlons point ici. Cette carte est la seule qui ait paru jusqu'à présent, avec tous les détails qu'offrent ces différentes îles. Elle a été réduite, avec le plus grand soin, d'après des dessins originaux et inédits, qui ont été faits sur les lieux. La grandeur de l'échelle n'a point permis d'y comprendre l'île aux Vaches, qui fait aussi partie des Séchelles, et qui est située à vingt-quatre lieues nord de Mahé ; elle prend son nom de quelques vaches marines qui, à ce qu'on prétend, se retirent sur cette île.

Les îles Séchelles appartiennent aujourd'hui à l'Angleterre.

Tel est le pays que le gouvernement consulaire avait choisi pour l'exil des déportés. Sauf son éloignement de trois mille sept cents lieues de la France, cette colonie, dont la prospérité allait toujours croissant, devait, sous tous les rapports, convenir à de nouveaux colons ; mais si elle offrait de grandes ressources à leur industrie, elle leur fournissait aussi de nombreux moyens d'évasion, à cause de la quantité de vaisseaux qui fréquentent la mer des Indes, et qui peuvent relâcher à ces îles.

Le capitaine Guiéyesse, dont la mission était remplie en ce qui concernait les déportés, fut contraint, avant de remettre à la voile, de faire réparer les grandes avaries que *la Chiffonne* avait éprouvées dans sa mâture, et d'envoyer à l'hôpital de Mahé une trentaine de scorbutiques qui étaient dangereusement malades. Il choisit en conséquence la position la plus avantageuse du port de Mahé, et il y fit embosser sa frégate de manière à présenter le flanc vers le point par où l'ennemi pouvait arriver (1). Il établit une vigie sur

(1) Embosser un bâtiment, c'est l'amarrer dans une

l'île Sainte-Anne, afin d'avoir connaissance des bâtimens qui se montreraient en pleine mer, et il fit construire, sur le rivage de Mahé, un petit fort, où l'on mit en batterie quatre canons de douze, pris du bord de *la Chiffonne*.

Les habitans lui fournirent deux cents nègres dont il avait besoin pour préparer des chantiers, monter une forge, faire du charbon, abattre des arbres dans l'intérieur de l'île, et pratiquer des chemins propres au transport de ces arbres jusqu'au bord de la mer. Il en fallait quatre pour former l'assemblage du mât de misaine, et un pour faire, d'une seule pièce, le mât de beaupré. Ces divers travaux prirent beaucoup de temps, et l'on eut à vaincre bien des obstacles, dans cette colonie naissante, avant que ces mâts fussent prêts à être placés sur *la Chiffonne*. On posa enfin le mât de beaupré, et le mât de misaine allait être placé également, lors-

position convenable, et de façon qu'il présente toujours le même côté vers un point déterminé.

que le 20 août 1801, à six heures et demie du matin, la vigie de l'île Sainte-Anne signala un vaisseau français. Nonobstant le pavillon qui était arboré sur ce vaisseau, dès qu'il fut reconnu que c'était un bâtiment de guerre, le capitaine Guieyesse fit tout disposer pour le combat. Vingt-quatre hommes, désignés pour le service de la batterie de terre, se rendirent à leur poste; quatorze autres descendirent dans la chaloupe, qui fut armée en guerre, afin de protéger les embossures (1) de la frégate, et repousser, en cas de besoin, les tentatives que l'ennemi pourrait faire avec ses embarcations. Cent quatre-vingt-dix hommes, destinés à combattre sur *la Chiffonne*, furent répartis le plus avantageusement possible, pour la défense de cette frégate.

Sur les huit heures et demie du matin, le vaisseau qu'on avait aperçu, et sur lequel flottait encore le pavillon français, arriva à pleines voiles dans le port de Mahé. Ce

---

(1) Cordages qui servent à embosser un vaisseau.

ne fut que lorsqu'il se trouva à la portée du canon, que l'on put juger, par sa manœuvre hostile, que l'on avait affaire à un bâtiment ennemi. En effet, c'était la frégate anglaise *la Sibylle*, portant cinquante bouches à feu, savoir : dans sa batterie, vingt-huit canons de vingt-quatre, et sur ses gaillards, douze canons de douze et dix obusiers de quarante-deux. Cette frégate, qui depuis longtemps naviguait sur la mer des Indes, avait un équipage nombreux, exercé et aguerri. Manœuvrant avec une hardiesse que sa force supérieure pouvait seule justifier, elle vint, malgré le feu de *la Chiffonne*, s'embosser, par le travers, à une portée de pistolet.

Il ne lui fallut qu'un moment pour mouiller ses ancres, carguer ses voiles et lâcher sa bordée. Son feu, qu'il était si facile de bien diriger à une si petite distance, fut tellement meurtrier, que, dans quelques minutes, cinquante hommes de *la Chiffonne* furent hors de combat. Cette perte, en occasionnant le désarmement total du gaillard d'arrière, et d'environ trois pièces de la batterie de cette dernière frégate, rendit beaucoup plus grande encore la disproportion qui existait dans les forces des deux bâtimens ; car, indépendamment de la différence des calibres, *la Chiffonne* ne pouvait plus opposer que dix bouches à feu, à vingt-cinq autres, que faisait jouer *la Sybille*. La batterie de terre, éloignée de plus de quatre cents toises, ne seconda que très-faiblement *la Chiffonne*. Sans la bravoure des Français, il eut été impossible de prolonger un combat aussi sanglant et aussi inégal. Le feu continua, de part et d'autre, avec une extrême vivacité ; mais bientôt un accident funeste vint rendre tout-à-fait inutile la courageuse résistance des Français. Les boulets de l'ennemi coupèrent une des embossures de l'arrière de *la Chiffonne*, qui tout-à-coup fut obligée de présenter l'avant à *la Sybille*. Cette position est la plus désavantageuse de toutes, parce que les boulets que l'on reçoit tuent et blessent beaucoup de monde, en traversant le vaisseau dans le sens de sa longueur. Ainsi la frégate anglaise n'avait plus à redouter le feu de la frégate française, et elle pouvait aisément la cribler en tirant des coups d'enfilade.

Le capitaine Guieyesse, voyant qu'une plus longue résistance n'aurait eu d'autre résultat que la destruction du reste de son équipage, fit couper les cables de *la Chiffonne*, pour la jeter à la côte ; mais le vent était si faible et la mer si tranquille, qu'elle échoua légèrement et sans éprouver le moindre dommage.

La position de cette frégate était toujours la même : elle continuait de présenter l'avant à *la Sybille*, et celle-ci ne ralentissait pas la vivacité de son feu. Il était absolument impossible de porter la moindre atteinte à la frégate anglaise, et chaque instant qui s'écoulait de plus ne servait qu'à augmenter la perte des Français. Le capitaine Guieyesse voulait détruire sa frégate, soit en la brûlant, soit en la coulant à fond, pour la soustraire à l'ennemi ; mais comme il ne lui restait que sa chaloupe et son plus petit canot, ses autres embarcations ayant été perdues à la mer, il fut détourné de cette résolution par l'horrible perspective de sacrifier les quarante prisonniers anglais qu'il avait pris du bord de *la Bellone*, une partie de son équipage et principalement cinquante blessés dont le courage malheureux les recommandait à son humanité. Il avait quatre-vingt-cinq hommes hors de combat, dont trente-cinq morts. Dans cet état de choses, il résolut d'amener son pavillon.

Depuis le commencement de l'action jusqu'au moment où *la Chiffonne* fut rendue, il ne s'était écoulé que vingt-cinq minutes. Les anglais relevèrent cette frégate, et la conduisirent dans l'Inde (1).

Nous avons laissé, immédiatement après son départ de l'embouchure de la

(1) A son retour en France, le capitaine Guieyesse, d'après les lois de la marine, comparut devant la cour martiale de Brest, et les juges le déchargèrent unanimement d'accusation, le 2 octobre 1802.

Loire, la corvette *la Flèche*, chargée des trente-huit proscrits du premier transport ; ce départ, comme nous l'avons dit, eut lieu le 16 février 1801. Maintenant nous allons faire connaître les diverses circonstances de la navigation de cette corvette.

Il avait été décidé, dès le principe, que *la Flèche* serait armée de dix-huit canons de huit et qu'elle recevrait cent soixante-dix hommes d'équipage ; mais en raison de la longue traversée qu'elle allait entreprendre et du grand espace qu'occupaient les déportés et les vivres, l'équipage ayant été réduit à quatre-vingt-cinq hommes, le capitaine Bonamy, d'après une autorisation du ministre de la marine, fit mettre à fond de cale dix de ses pièces d'artillerie, qui ne devaient être remontées que lorsqu'il lui serait possible de compléter son équipage. Ainsi, quoique nous fussions en guerre ouverte avec l'Angleterre et le Portugal, cette corvette n'avait pour sa défense que huit bouches à feu du calibre de huit.

Le capitaine Bonamy, en mettant à la voile, ignorait, comme le capitaine Guieyesse, le lieu de sa destination. Il avait également reçu un paquet cacheté qui devait l'en instruire et dont il ne lui était permis de faire l'ouverture, que lorsqu'il se trouverait vis-à-vis le cap Finistère.

Ses instructions premières lui enjoignaient de prendre, envers les déportés, toutes les mesures nécessaires pour s'assurer de leurs personnes; mais d'avoir en même temps pour eux les égards qui pourraient s'accorder avec ces mêmes mesures. Leur nourriture était abondante et meilleure que celle de l'équipage ; et, quand les mouvemens du bord le permettaient, on les laissait monter à tour de rôle sur les gaillards et sur les passe-avants. Les instructions portaient en outre, et de la manière la plus expresse, que, pendant la traversée, il fallait éviter la rencontre de tout bâtiment ennemi.

Le lendemain de son départ de France, le capitaine Bonamy aperçut, sur les huit heures du matin, un brick et un cutter anglais, qui lui donnèrent la chasse. Le brick, sur lequel *la Flèche* avait un léger avantage de marche, et qui se trouvait dans sa hanche de bâbord, chercha vainement à l'approcher; mais le cutter, qui était au-dessus du vent et qui marchait un peu mieux que la corvette, parvint à l'amener à la portée de ses canons, dont le nombre était de quatorze. Les deux bâtimens échangèrent quantité de boulets, sans éprouver de notables avaries; et, tout en combattant ce cutter, le capitaine Bonamy, pour se conformer à ses instructions, continua sa route sous toute la voilure que le vent lui permettait de porter. Le cutter, désespérant sans doute de réduire la corvette, cessa de la poursuivre, vers midi.

Il semblerait que, dans une telle occurence, des proscrits devraient desirer tomber au pouvoir de l'ennemi; mais nous devons dire, à l'éloge de ceux de *la Flèche*, qu'ils offrirent tous avec un enthousiasme vraiment martial, de prendre part au combat. Le capitaine Bonamy, qui, tout bien considéré, aurait pu compromettre la sûreté de son bâtiment, refusa, comme le capitaine Guieyesse, de mettre des armes entre les mains de ses détenus.

Quelques heures après avoir perdu de vue le bâtiment ennemi, on s'aperçut à bord de *la Flèche* que son mât de misaine se trouvait cassé dans la partie supérieure. Le capitaine et ses officiers examinèrent cette avarie; et il fut reconnu qu'elle était de nature à ne pouvoir être réparée à la mer; qu'elle aurait des suites fâcheuses, et qu'elle allongerait prodigieusement le trajet. M. Bonamy se décida, en conséquence, à relâcher dans le premier port d'Espagne où il pourrait aborder. Le 19 février, *la Flèche* entra dans celui de Riba-de-Sella, aux Asturies, situé à cent sept lieues de son point de départ.

Le Lendemain de son arrivée à Riba-de-Sella, le capitaine Bonamy vit avec une peine extrême que la désertion se mettait dans son équipage. Ce jour même deux hommes trouvèrent le moyen de s'évader et de se soustraire à toute espèce de recherches. On sait combien ce mal est contagieux dans les équipages français. Beaucoup d'hommes, à l'exemple de ces deux premiers, essayèrent de regagner la France ou de se rendre en divers ports d'Espagne, espérant s'y embarquer sur des bâtimens armés en course. Ils paraissaient déjà dégoûtés d'un voyage dont ils ne connaissaient pas le terme. Le capitaine l'ignorait encore lui-même, puisque ce n'était qu'au large du cap Finistère qu'il devait prendre connaissance de ses instructions ultérieures. Il fut d'autant plus affecté de cet esprit de désertion, qu'il avait à craindre de manquer, faute d'hommes, le but de sa navigation; car il n'aurait pu trouver un seul Espagnol qui eût consenti à s'embarquer pour un voyage inconnu, et surtout de la nature du sien. Mais il prit de si promptes et de si sages mesures, que tous ses déserteurs, à l'exception des deux premiers, furent arrêtés et reconduits sur la corvette. Il eut beaucoup à se louer des procédés et de la conduite du vice-consul de France à Gixon. Cet estimable Espagnol eut à peine appris l'arrivée de M. Bonamy à Riba-de-Sella, qu'il se rendit dans cette ville pour connaître par lui-même les besoins du capitaine et l'aider de tous ses moyens et de tout son crédit.

Pendant cette relâche, la surveillance des déportés fut extrêmement difficile et pénible, à cause du peu d'étendue du port de Riba-de-Sella. Si les hommes de l'équipage ne pouvaient se familiariser avec l'idée d'un voyage inconnu, à plus forte raison les déportés, qui ne concevaient pas pourquoi on leur celait le lieu de leur exil et qui craignaient qu'on n'eût l'intention de les jeter sur quelque côte déserte ou habitée par des antropophages. Plusieurs d'entre eux formèrent des projets d'évasion, mais ils firent des tentatives inutiles pour recouvrer leur liberté. Voici ce qui donna l'éveil au capitaine Bonamy, et le porta à prendre des mesures de précaution, sans lesquelles le nombre de ses détenus aurait singulièrement diminué.

Un des proscrits, voulant s'échapper à l'aide d'un canot qui se trouvait près de l'avant de la corvette, se suspendit à une corde et se laissa glisser le long du bâtiment ; mais, soit que la corde n'eût pas assez d'étendue ou que, dans l'intervalle, le canot se fût un peu éloigné de la corvette, il tomba dans l'eau au moment où il abandonna la corde ; et, comme il ne savait pas nager, ses sens se troublèrent à tel point, qu'il perdit toute connaissance. Quelques matelots, qui accoururent au bruit de sa chute, s'empressèrent de le retirer de l'eau ; et tandis qu'ils lui prodiguaient des secours, ils virent qu'il avait sur le corps plusieurs chemises, les unes par-dessus les autres. Cette particularité, dont on rendit compte au capitaine, éveilla aussitôt ses soupçons. Il fit faire l'appel des proscrits, et l'on s'aperçut de l'absence de Bouin. D'après quelques informations, le capitaine envoya plusieurs hommes sûrs à la poursuite du fugitif, et on parvint à l'arrêter dans les défilés de Riba-de-Sella. Ramené à bord de la corvette, il dit au capitaine, qui le réprimandait, que, victime de l'ambition d'un nouveau Sylla, loin de se croire coupable, il se considérait dans ces défilés comme Marius dans les marais de Minturne.

Les opinions républicaines de ce proscrit étaient excessivement exaltées ; il n'était dépourvu ni d'instruction, ni de moyens ; mais il avait un caractère indomptable.

Parmi quelques autres des plus capables, Pepin de Grouhette se faisait principalement remarquer. Il disait avoir eu avant la révolution une charge au parlement de Rouen. Ses opinions étaient aussi exaltées que celle de Bouin, et sa figure hideuse pouvait servir d'emblème à son âme. Il paraissait avoir captivé la confiance de la plupart de ses compagnons d'infortune. On verra plus tard quel fut un des singuliers effets de cette confiance.

Le capitaine Bonamy ne put remplacer son mât de misaine que par celui d'une prise anglaise qui fut conduite dans le port de Riba-de-Sella, par un corsaire français. Lorsque les réparations de son bâtiment furent achevées et que le vent lui permit de remettre à la voile, il appareilla pour continuer sa navigation. Ce fut le 28 mars, après trente-sept jours de relâche, que *la Flèche* sortit du port de Riba-de-Sella.

Le capitaine Bonamy, qui a fait avec infiniment de succès un grand nombre de voyages, semblait devoir éprouver dans celui-ci toutes les contrariétés imaginables. A peine avait-il regagné la pleine mer, que, dans un violent mouvement de tangage, le mât qu'il venait de faire poser sur sa corvette se rompit au même endroit que le précédent. Ce nouvel accident nécessita une seconde relâche, qui eut lieu, le 30 mars, au port de Ribadeo, en Galice, situé entre Riba-de-Sella et le cap Finistère.

Quelques jours après l'arrivée de *la*

Flèche, le bruit se répandit à Ribadeo que Bonaparte avait été assassiné. On ne pourrait s'imaginer quelle fut la joie des proscrits, lorsque ce bruit parvint jusqu'à eux. Ils se hâtèrent de présenter au capitaine Bonamy une longue requête, pour l'empêcher de poursuivre son voyage, et dont les conclusions étaient que l'homme qui les avait condamnés à l'exil n'existant plus, ils devaient être mis sur-le-champ en liberté. Ils citaient une foule d'articles de diverses constitutions, afin de prouver au capitaine que leur demande était fondée; et qu'il encourrait les peines les plus graves, s'il prolongeait leur détention arbitraire et continuait à être l'instrument de la tyrannie la plus révoltante. M. Bonamy se contenta de leur répondre qu'il ne lui appartenait point de s'établir juge dans une cause semblable; que, militaire et essentiellement obéissant, il devait exécuter les ordres qu'il avait reçus, et qu'il les exécuterait aussi sans craindre les suites de son obéissance.

Les déportés, voyant qu'ils ne pouvaient réussir à ébranler la fermeté du capitaine qui d'ailleurs se serait étrangement compromis, trouvèrent le moyen de faire passer une autre requête aux autorités civiles et militaires de Ribadeo pour les engager à s'opposer au départ de la corvette, jusqu'à ce qu'elles eussent reçu de plus amples informations. On pense bien qu'ils ne furent pas plus heureux auprès de ces autorités. Ils finirent par croire que le bruit qui avait réveillé leurs espérances était dénué de fondement; mais ils ne conservèrent pas moins beaucoup de ressentiment du refus que leur avait fait essuyer le capitaine Bonamy.

Cet officier ne put encore remplacer son mât de misaine que par celui d'une nouvelle prise. Sa relâche à Ribadeo dura jusqu'au 27 avril, jour qu'il remit à la voile.

Le surlendemain, il se trouva dans le parage où il devait prendre connaissance de ses nouvelles instructions. Elles portaient, comme celles du commandant de *la Chiffonne*, qu'il ferait voile pour l'île

Mahé, principale des Séchelles, où seraient débarqués les proscrits ; qu'il leur laisserait ignorer durant le trajet le lieu de leur exil ; qu'il n'en instruirait non plus aucune autre personne de son bord, et, en outre, qu'il continuerait à éviter soigneusement toute voile ennemie. Le capitaine trouva sous la même enveloppe une dépêche pour le commandant des îles Séchelles, et plusieurs autres pour le gouverneur de l'Ile-de-France. Il était chargé de remettre celles-ci lorsqu'il aborderait à cette dernière île, à son retour de Mahé.

Huit jours après avoir doublé le cap Finistère, le capitaine Bonamy eut connaissance de l'île Madère, et de là il dirigea sa route vers les îles du Cap-Vert.

Les déportés de *la Flèche*, comme ceux de *la Chiffonne*, désiraient débarquer à Cayenne, parce qu'ils craignaient toujours que le gouvernement n'eût donné l'ordre de les jeter sur quelque plage, d'où ils ne pourraient jamais regagner le continent de l'Europe. Aussi virent-ils, avec une peine inexprimable, que, d'après la route que suivait le capitaine, ils allaient être conduits au-delà du cap de Bonne-Espérance. Cette pointe méridionale de l'Afrique avait repris, pour eux, son premier nom de cap *des Tourmentes*; leur imagination ne leur faisait entrevoir au-delà que des désastres et la mort. Ce funeste pressentiment ne fut que trop justifié, du moins pour une partie des proscrits. L'homme, quelquefois, n'est pas moins malheureux par l'idée d'un malheur qu'il redoute, que par ce malheur même. Dans le premier cas, son âme s'abat et se livre toute entière à la douleur; dans le second, elle agit souvent sur elle-même, et elle acquiert alors toute l'énergie qui lui est nécessaire pour surmonter les obstacles ou braver les périls.

La corvette traversa la ligne, par les vingt-trois degrés de longitude occidentale. Depuis les parages de l'équateur, où elle éprouva quelques calmes, jusqu'à la sonde du banc des Aiguilles, sa navigation n'offrit rien de remarquable.

Nous avons dit que Pepin de Grouhette

7

paraissait avoir captivé la confiance de la plupart des autres proscrits. Déjà le capitaine Bonamy s'était aperçu qu'il cherchait à exercer beaucoup d'influence sur ses compagnons, dont une grande partie se composait d'hommes naturellement passifs, mais qui, mûs par les discours de quelques ardens anarchistes, tels que Pepin de Grouhette et Bouïn, étaient toujours prêts à seconder les moteurs du trouble et de la révolte. Voici comment le capitaine parvint à acquérir la plus forte preuve des perfides intentions de Pepin de Grouhette.

Delrue, imprimeur, l'un des déportés, soit qu'il fût guidé par des principes d'équité, soit que le caractère ferme, franc et loyal de M. Bonamy lui eût inspiré quelque intérêt pour sa personne, saisit un jour un moment favorable pour lui dire qu'il avait à lui faire une importante confidence, et il le pria de prendre un prétexte pour l'appeler. Le lendemain, le capitaine l'ayant mandé, il lui déclara qu'il existait un complot parmi ses compagnons; que leur intention était de se défaire de lui et de s'emparer de la corvette, pour retourner sur le territoire français, ou débarquer en quelque contrée de l'Europe, où ils seraient sûrs de vivre dans une entière indépendance. Il désigna Pepin de Grouhette comme le chef du complot, et il supplia le capitaine de ne pas le compromettre. Celui-ci lui recommanda de l'informer, par écrit, de ce qui se dirait d'important parmi ses compagnons, et il lui donna l'assurance qu'aucun soupçon ne tomberait sur lui. M. Bonamy reçut plusieurs billets de Delrue, et le dernier, qui lui parvint le 13 juillet, lui annonçait que plusieurs hommes de l'équipage s'étaient laissés gagner par les proscrits, et que le jour suivant, anniversaire de la prise de la Bastille, paraissait être celui qu'ils avaient fixé pour l'exécution de leur projet.

Jusque-là le capitaine Bonamy ne s'était ouvert de ces révélations qu'à son lieutenant seulement ; mais lorsqu'il reçut le dernier billet de Delrue, il crut devoir réunir tous ses officiers pour leur faire part de ce qui se tramait. Il les instruisit de ses intentions, et le soir, dès que les proscrits furent renfermés, il fit prendre les armes à toute la garnison; il donna ensuite l'ordre de transférer les détenus dans un autre logement, et de faire d'exactes perquisitions dans celui qu'ils viendraient de quitter. On ne découvrit rien qui pût confirmer l'existence du complot, ni compromettre aucun homme de l'équipage; mais on trouva, parmi les effets de Pepin de Grouhette, un manuscrit que l'on apporta au capitaine. C'était le journal du voyage des déportés. M. Bonamy, en parcourant cet écrit, fut indigné de voir avec quelle noirceur et quelle méchanceté on avait interprêté ses plus simples paroles et ses moindres actions. Il ne douta point que cette œuvre perfide ne fût destinée à le perdre infailliblement, si jamais les circonstances permettaient à un homme tel que Pepin de Grouhette de la faire servir à ses coupables desseins.

Il fit venir dans sa chambre l'auteur de ce journal, et, en présence de son lieutenant et de son agent comptable, il lui montra cette preuve nouvelle et incontestable de ses iniquités. Pepin de Grouhette parut fort embarrassé ; il balbutia et chercha à s'excuser sur ce qu'il ne faisait que réunir, en corps d'ouvrage, les notes diverses qui lui étaient fournies par plusieurs de ses compagnons. Le capitaine, laissant éclater son indignation, lui dit, avec énergie : « La bassesse et la méchanceté de votre âme se montrent sur votre visage, et quiconque vous voit peut aussitôt juger que vous êtes capable de tout, hors le bien. Votre conduite infâme m'autoriserait à sévir contre vous; mais j'aime mieux vous mépriser. Soyez d'ailleurs fermement convaincu que je n'ai rien à redouter des entreprises que vous et vos compagnons pourriez tenter, soit pour recouvrer votre liberté par la force, soit pour me nuire personnellement. Je suivrai invariablement la ligne de mes devoirs, sans perdre de vue ce qu'on doit à des hommes malheureux, du moins sous de certains rapports. »

Le capitaine Bonamy, après avoir traversé le canal de Mozambique, dirigea sa route sur l'île de Bourbon, où plusieurs puissans motifs l'engageaient à faire une courte relâche; car bien que sa navigation eût été sans danger, depuis son départ de Ribadeo, elle se trouvait prolongée de plus de deux mois, à cause de ses deux relâches en Espagne, où le défaut d'argent et de ressources locales l'avaient empêché de remplacer plusieurs articles de ses approvisionnemens. Il était certain de ne trouver aux îles Séchelles aucun moyen de se procurer des vivres de campagne pour son retour, et cependant il pouvait, par les événemens de la guerre, ou par ceux de la mer, éprouver des retards dans le trajet de cet archipel à l'Ile-de-France, où il devait se rendre, d'après les ordres du gouvernement. Il est encore à remarquer que tous ses officiers se trouvaient dans un déplorable état de santé : une maladie, qui régnait sur son bâtiment, n'avait exercé sa fâcheuse influence que sur les personnes de son état-major ; mais cette maladie était si alarmante, qu'il ne se trouvait plus qu'un seul aspirant qui fut en état de partager avec lui le service. Tels furent les motifs qui nécessitèrent sa relâche à l'île de Bourbon. Le 10 août, il mouilla l'ancre à Saint-Denys, chef-lieu de cette île, située dans la mer des Indes, à quarante-quatre lieues ouest-sud-ouest de l'Ile-de-France.

Il est à regretter, surtout depuis que nous n'avons plus la dernière de ces îles, que Bourbon, qui, par la fertilité de son sol, pourrait offrir beaucoup de ressources aux navigateurs, n'ait aucun port pour les grands bâtimens ; car l'Ile-de-France, moins fertile et moins étendue, ne devait guère la préférence qu'on lui donnait comme point de relâche, qu'à l'avantage que ses deux bons ports présentaient à notre marine.

L'île de Bourbon est remplie de montagnes élevées, mais on y cultive la terre à une très-grande hauteur ; il s'y trouve des habitations en plein rapport à environ neuf cents toises au-dessus du niveau de la mer, tandis qu'en Suède et en Russie le terme de toute végétation est à cinq cents et quelques toises au-dessus du même niveau. Le sommet du mont Salaze, dont la position est vers le milieu de l'île, a seize cent quatre-vingt-quatorze toises de hauteur, élévation égale à celle du mont Etna, et moindre de deux cent quinze toises que celle du fameux pic de Ténériffe.

Les éruptions du volcan de l'île Bourbon sont fréquentes ; mais elles n'ont causé aucun désastre depuis l'année 1664, que quelques colons français, qui fuyaient l'insalubrité de Madagascar, passèrent sur cette île, nommée alors Mascarenhas. D'ailleurs les environs du volcan, dans un rayon de plus de deux lieues, sont restés entièrement déserts, tant à cause de l'arridité extrême du sol, dans cette étendue, que des dangers qu'il y aurait à s'établir trop près de ce gouffre de feu.

Cette île, qui a une cinquantaine de lieues de circuit et deux fois plus de surface que l'Ile-de-France, produit abondamment du riz, des patates, des ignames, des mangues, des cannes à sucre, du coton et ce café si renommé qui est presque égal en bonté à celui de moka. On y cultive aussi avec beaucoup de succès du froment et plusieurs sortes de légumes et de fruits d'Europe. A tous ces avantages les créoles de Bourbon joignent généralement une heureuse simplicité de mœurs. Il est inutile d'ajouter qu'ils jouissent de toutes les douceurs de la vie.

Le capitaine Bonamy fit connaître aux principales autorités, c'est-à-dire, aux trois consuls qui, à l'instar de ceux de la métropole, gouvernaient alors l'île Bourbon, la nature de la mission dont il était chargé et les besoins qui avaient occasionné sa relâche à cette île ; mais il ne les instruisit point du lieu de sa destination. Il fit débarquer ensuite tous ses officiers, à l'exception d'un seul qui se trouvait en convalescence. Quoique la maladie dont nous avons parlé eût épargné l'équipage et les proscrits, la plupart de ces derniers, qui étaient atteints du scorbut, avaient besoin de séjourner un peu dans l'île; le capitaine demanda l'autorisation de les faire conduire à terre ; mais la terreur qu'inspiraient à la colonie les principes révolutionnaires des Mamin, des Bouïn, des Pepin de Grouhette, des Chrétien et des Moneuse, fut cause qu'il ne put obtenir ce soulagement pour aucun de ces malheureux.

Cependant, ne doutant point qu'il était de son devoir, comme chef de l'expédition, de procurer à ses proscrits tous les secours qu'exigeait leur position critique, il insista fortement sur la nécessité de les débarquer dans l'île, et il offrit de les faire garder par une partie de sa troupe ; mais toutes ses démarches, qui n'étaient inspirées que par des sentimens d'humanité et le desir de remplir ses obligations, ne servirent qu'à faire porter sur lui le jugement le plus faux comme le plus défavorable. Les autorités de la colonie s'imaginèrent qu'il partageait les principes et les opinions des personnes auxquelles il paraissait prendre tant d'intérêt, et elles le considérèrent lui-même comme un homme dangereux. Néanmoins, ce qui aurait dû justifier ses démarches, c'est que l'un des proscrits mourut sur son bord le lendemain de son arrivée à Bourbon. C'était ce même Delrue qui lui avait révélé le complot tramé par ses compagnons.

Nous n'omettrons pas une circonstance qui ajouta encore à la méfiance que les autorités de Bourbon témoignaient au capitaine Bonamy. Elles lui demandèrent si le gouvernement ne l'avait point chargé de dépêches pour leur île. Le capitaine leur répondit qu'il n'avait rien reçu pour leur colonie, parce que le gouvernement ne prévoyait pas qu'il y aborderait; qu'il était porteur de quelques paquets pour le gouverneur de l'Ile-de-France ; et que, d'après ses instructions, il devait les lui remettre lorsque dans la suite de son voyage il mouillerait l'ancre à cette île. Il ajouta qu'il était possible que ces paquets renfermassent quelque chose pour Bourbon, mais qu'il l'ignorait entièrement. Les autorités desirèrent que les paquets leur fussent remis ; elles essuyèrent un refus honnête, motivé sur ce que prescrivaient les instructions du capitaine ; elles voulurent user de contrainte, et le refus devint plus prononcé.

M. le général de brigade Jacob, qui commandait le militaire et que ces autorités crurent sans doute devoir employer comme un puissant intermédiaire, vint trouver le capitaine et lui dit :

« Depuis long-temps la colonie est privée de nouvelles directes du gouvernement ; elle en attend avec la plus vive impatience, et les dépêches dont vous êtes porteur peuvent en contenir de très-intéressantes pour elle. Jugez s'il lui importe que vous cédiez aux instances qui vous sont faites et auxquelles je viens joindre les miennes. Votre navigation ayant été prolongée par vos relâches en Espagne, il convient sous tous les rapports, d'éviter de nouveaux retards dans la délivrance de ces dépêches. D'ailleurs, vu les circonstances de la guerre et la faiblesse de votre bâtiment, elles pourraient être compromises dans la suite de votre voyage, au lieu qu'elles se trouvent en sûreté à Bourbon, puisque vous y avez heureusement abordé. »

« Je vous prie de considérer, répond le capitaine, que, d'après les ordres du gouvernement, ma destination doit être tenue secrète, jusqu'à ce que la mission dont je suis chargé ait été entièrement remplie; et, ne doutant point que les paquets qui m'ont été remis ne la fasse connaître, je ne puis, en conséquence, m'en désaisir qu'aux conditions que voici : Ces paquets seront mis sous une même enveloppe à laquelle vous apposerez votre cachet et moi le mien; nous la contre-signerons tous les deux, et vous me donnerez, par écrit, votre parole d'honneur que ce nouveau paquet sera adressé à l'Ile-de-France et qu'il n'y sera ouvert que quinze jours après mon départ de Bourbon. » Le général trouva que ces conditions ne donnaient lieu à aucune réplique; il les accepta, et les paquets lui furent remis de la manière qui vient d'être expliquée (1).

Le quatrième jour de son arrivée à Bourbon, le capitaine Bonamy quitta la rade de Saint-Denys et se dirigea sur les îles Séchelles.

Parvenu à la vue de ces îles, il découvrit un bâtiment à trois mâts, qui paraissait être une forte corvette ou une petite frégate et qui avait sur lui l'avantage du vent. Ce bâtiment semblait donner la chasse à la corvette française ; bientôt on reconnut la supériorité de sa marche. *La Flèche* avait alors par son travers et un peu sous le vent une des îles Séchelles, et M. Bonamy aperçut une chaîne de rochers que le vent ne lui permettait pas de doubler. Obligé de virer de bord et d'aller à la rencontre du bâtiment, reconnu à ses couleurs pour anglais, il vit qu'un engagement devenait inévitable. Ses dispositions faites, loin de retarder le moment du combat, il le hâta en portant directe-

(1) Ces conditions furent religieusement observées.

ment sur l'ennemi. Ce n'est pas toutefois qu'il en attendît une heureuse issue, car il ne pouvait douter que le bâtiment anglais ne fût beaucoup plus fort que sa corvette; mais il remarqua une grande résolution dans tout son équipage, et il avait pris à l'île de Bourbon des officiers pleins de zèle et d'honneur qui méritaient la plus entière confiance.

Dès le commencement de l'action, il eut l'habileté de compenser par la promptitude et la précision de ses manœuvres ce qui lui manquait en forces. Sa corvette, plus légère et dont les évolutions étaient plus faciles, lui permit de prendre des positions avantageuses. Ses canonniers parvinrent à désemparer l'ennemi de plusieurs manœuvres importantes; et, dans les mouvemens continuels qu'il ne cessa d'exécuter pendant près d'une heure et demie que dura l'action, il réussit à gagner l'avantage du vent. Il espéra dès-lors que son bâtiment pourrait avoir, comme brick, la supériorité de marche *au plus près*; et, tout en continuant de canonner l'ennemi, il serra le vent sous toutes voiles. Le bâtiment anglais poursuivit *la Flèche*; mais, se trouvant plus dégréé qu'elle et marchant moins bien en cet état, il s'arrièra sensiblement. Ainsi se termina ce combat, qui, sans l'habileté du capitaine français, aurait eu pour lui le résultat le plus fâcheux, car ses forces n'étaient point comparables à celles qui lui furent opposées.

Lorsqu'il se disposa à combattre, les déportés lui offrirent encore leurs services, mais il exigea de nouveau qu'ils fussent renfermés dans leur logement.

A la nuit, le bâtiment anglais était à une lieue et demie derrière *la Flèche*. Après avoir réparé les avaries qu'il avait éprouvées dans son grément et dans sa voilure, le capitaine Bonamy, présumant bien que l'ennemi viendrait l'attaquer au mouillage de Mahé, où il n'avait aucune protection à attendre de la terre, fit monter et établir sur son pont quelques-unes des bouches à feu qu'il avait à fond de cale depuis son départ de France.

Le lendemain matin, 25 août, le bâtiment anglais n'était plus en vue; mais vers midi et au moment où le capitaine Bonamy approchait du mouillage, il l'aperçut de nouveau, faisant route pour l'île Mahé. Sur le soir, ce bâtiment mouilla l'ancre à l'entrée du port. Il n'était point douteux que le capitaine Bonamy ne fut vigoureusement attaqué le jour suivant. Pendant la nuit, il débarqua les proscrits, malgré les plaintes et les menaces qui s'étaient renouvelées parmi les habitans; il s'embossa dans la position la plus avantageuse, et il fit toutes ses autres dispositions de combat.

Les proscrits qui ne s'attendaient point à revoir aux îles Séchelles les compagnons d'infortune qu'ils avait laissés sur la Loire, dans leur prison flottante, éprouvèrent des sensations difficiles à décrire en les trouvant sur le bord de la mer, au moment de leur débarquement.

La Chiffonne, qui les avait transportés, n'était partie que de l'avant-veille, escortée par la frégate anglaise *la Sibylle*, qui l'avait prise deux ou trois jours auparavant. Dix-huit hommes tant soldats que matelots, qui avaient appartenu à *la Chiffonne*, vinrent volontairement offrir leurs services au capitaine Bonamy, pour soutenir, disaient-ils, l'honneur du pavillon français. Le capitaine fit à ces braves gens l'accueil qu'ils méritaient, et il les reçut aussitôt sur son bord.

A la pointe du jour, le bâtiment anglais tendit ses voiles, et manœuvra pour entrer dans le port et approcher de *la Flèche*. Dès qu'il se trouva à la bonne portée du canon, le capitaine Bonamy lui lâcha sa bordée, et le força de mouiller l'ancre. Un violent combat s'engagea tout-à-coup et fut soutenu de part et d'autre avec une opiniâtreté inconcevable. L'ennemi dut voir encore en cette occasion ce que l'on peut attendre de la bravoure française, car, malgré la grande supériorité de force qui résultait du nombre et du calibre de ses canons, il eut à essuyer pendant deux heures un feu très-vif, qui ne se ralentit pas d'un seul instant. Au bout de ces deux heures de combat, *la Flèche* reçut plusieurs gros boulets qui percèrent ses fonds; elle s'emplit d'eau, nonobstant le jeu de toutes les pompes et de quelques puits qui furent établis pour rejeter l'eau à la mer. Lorsque le capitaine Bonamy se fut convaincu qu'il était de toute impossibilité de sauver la corvette, et qu'il eut épuisé toute la poudre qu'il avait fait monter de la soute au moment où l'eau commençait à y pénétrer, il se décida à évacuer son bâtiment. Il fit entrer tout l'équipage dans ses bateaux, ainsi que dans quelques embarcations qui lui vinrent de terre, et il descendit le dernier de son bord. A peine se trouvait-il à quatre toises de la corvette, qu'elle tomba sur le côté, ayant toujours son pavillon et sa flamme arborés. L'ennemi continua de faire feu et sur le bâtiment et sur les bateaux qui portaient le capitaine et son équipage. Il envoya ensuite une embarcation pour s'emparer de *la Flèche*, mais cette embarcation n'était pas encore arrivée, que la corvette avait entièrement disparu de la surface de l'eau.

Le bâtiment contre lequel le capitaine Bonamy eut à soutenir ces deux combats était la corvette anglaise *le Victor*, armée de dix-huit caronades de trente-deux, de deux canons longs de douze et de deux autres pièces de huit. Elle avait cent soixante-dix hommes d'équipage.

Le capitaine Bonamy eut dans ces deux affaires vingt-neuf hommes hors de combat, dont douze morts et dix-sept blessés. Il eut infiniment à se louer de l'excellente conduite de ses officiers, de ses aspirans, de son équipage et des dix-huit hommes qui étaient venus lui offrir leurs services.

Tous les déportés s'étaient réunis sur le bord de la mer; le canot de M. Bonamy ayant échoué, à cause des bas-fonds, à une certaine distance de la côte, ils se mirent dans l'eau pour aller chercher cet officier; et, malgré lui, ils le prirent dans leurs bras et le portèrent comme en triomphe jusque sur le rivage. Les mêmes hommes dont il avait eu tant à se plaindre dans le cours de sa navigation, lui prodiguèrent toutes les démonstrations possibles d'intérêt. On eût dit qu'ils avaient déposé, en touchant la terre de leur exil, tous les sentimens de haine dont ils furent animés contre lui. Il est vrai que, témoins de la conduite honorable que venait de tenir ce capitaine, ils crurent qu'ils ne pouvaient lui montrer trop d'empressement et lui adresser trop d'éloges pour le consoler de la perte de son bâtiment. Le capitaine John Collier, qui commandait *le Victor*, vint, de son côté, faire des offres de service à M. Bonamy et l'engager à l'aller voir à son bord. Ces deux capitaines eurent plusieurs fois l'occasion de se trouver ensemble et ils se donnèrent réciproquement des marques de leur estime.

M. Bonamy, qui avait évacué sa corvette sans amener son pavillon, ne fut point fait prisonnier, ni personne de son bord. Quant à M. Guieyesse, il fut échangé sur parole, sauf la ratification des gouvernemens respectifs, contre le capitaine de la corvette portugaise *l'Hi-*

rondelle, qu'il avait prise près des côtes du Brésil. Cet échange eut lieu entre lui et le capitaine de la frégate anglaise *la Sibylle*. MM. Guieyesse et Bonamy, après avoir fait quelque séjour aux îles Séchelles, se rendirent à l'Ile-de-France (1), et là, ils s'embarquèrent pour revenir en France, sur le navire *l'Eugénie*, commandé par le capitaine Dupuis.

Les soixante-neuf déportés (2), se trouvant réunis au lieu de leur exil, désirèrent connaître quelles étaient les intentions du gouvernement à leur égard ; ils allèrent prier le commandant des îles Séchelles de leur communiquer les instructions qu'il avait reçues du ministre de la Marine, tant par le capitaine Guieyesse que par le

(1) M. Bonamy reçut à cette île une lettre extrêmement flatteuse, que les consuls de Bourbon crurent devoir lui écrire, pour lui faire oublier la peine et les désagrémens que lui avait causés le jugement défavorable et injuste qu'ils avaient porté sur ses principes.

(2) On a vu qu'il en était mort un à l'île Bourbon.

capitaine Bonamy. M. de Quinssy se rendit à leur désir; et voici, en substance, ce que contenaient ces instructions :

« Vous recevrez les nouveaux colons
» français; vous leur donnerez des *concessions*, et leur fournirez les instrumens aratoires dont ils auront besoin.
» Si les habitans de Mahé se trouvent
» formalisés de la présence de ces nouveaux colons, ils peuvent passer à
» l'Ile-de-France; le gouvernement de
» cette colonie les indemnisera de la perte
» de leurs habitations. Traitez ces Français avec douceur et humanité; ce sont
» les intentions du premier consul : il
» désire que ces malheureux changent de
» principes, et reviennent de leurs erreurs. »

Parmi les déportés, les uns montrèrent de la résignation et crurent que la fortune leur était moins contraire qu'ils ne l'avaient imaginé; d'autres ne virent, dans ces instructions, que leur condamnation à un exil éternel, à moins toutefois qu'il ne survînt quelque changement extraordinaire dans le gouvernement français. Car les hommes qui désespèrent de l'avenir conservent encore quelque chose qui ressemble à l'espérance. Le général Rossignol adressa même ces paroles assez remarquables, à plusieurs de ses compagnons, qui avaient laissé en France leurs femmes et leurs enfans, et qui, en répandant des larmes de douleur et de regret, disaient qu'ils ne presseraient plus dans leurs bras ces objets de leurs tendres affections :

« Amis, ne vous alarmez point ! nous reverrons encore le sol de la patrie. Le monstre qui nous a fait jeter sur cette terre, ne peut avoir qu'une fin violente : nouveau Néron, il achèvera sa carrière plus tôt que vous ne l'imaginez. Trop de partis et d'intérêts divisent la France pour qu'elle puisse rester longtemps sous le joug de son oppresseur. Il périra !.. et la nouvelle de sa mort sera celle de notre délivrance. »

Les habitans des Séchelles, qui avaient presque tous deux ou trois habitations, craignirent, d'après les dépêches du ministre de la Marine, dont ils avaient pris connaissance à leur tour, que le commandant ne leur en ôtât une à chacun d'eux, pour en donner la propriété aux nouveaux colons. Ils pensèrent la plupart que le plus sûr moyen d'éviter cette perte était de prendre chez eux la totalité des proscrits, et de pourvoir à leur nourriture et à leur entretien ; ils en firent la proposition au commandant, qui l'accepta, croyant accorder ainsi tous les intérêts, et mettre fin à tous les débats. Mais ceux des anciens colons, qui s'étaient le plus opposés au débarquement des proscrits, ne consentirent point à en recevoir sur leurs habitations. Ils poussèrent même la jalousie et l'animosité jusqu'à conspirer contre eux, afin d'obtenir leur éloignement des îles Séchelles. Etrange exemple de la destinée humaine et des caprices de la fortune ! On formait une conspiration contre des hommes bannis comme conspirateurs.

Pour mieux réussir dans leurs projets, ces habitans eurent recours à l'assemblée coloniale de l'Ile-de-France, qui avait déjà pris un arrêté portant peine de mort contre ceux des proscrits qui chercheraient à s'introduire dans cette île ; et comme leurs relations commerciales les attirent assez souvent à l'Ile-de-France, elles leur servirent de prétexte pour y multiplier leurs voyages. Ils commencèrent par agir sourdement ; et lorsqu'ils eurent préparé les esprits, ils firent entendre des plaintes exagérées. Tous leurs discours ne tendaient qu'à indisposer l'assemblée coloniale de l'Ile-de-France contre les déportés. Il était impossible, suivant eux, de vivre dans des îles habitées par un grand nombre de proscrits : leur existence en était compromise, ainsi que celle de leurs familles. Ils préféraient, disaient-ils, s'expatrier plutôt que de souffrir la présence de ces hommes turbulens, qui leur enlevaient le repos et le bonheur. Ils prétendaient même, quoiqu'ils vendent la majeure partie de leurs denrées aux vaisseaux qui relâchent aux îles Séchelles, que cet archipel ne produisait point les vivres nécessaires à la subsistance de ses nombreux habitans, et que les déportés y avaient déjà occasionné une très-grande disette.

L'assemblée coloniale de l'Ile-de-France, qui accueillait ces plaintes réitérées et qui craignait que la tranquillité ne fût long-temps troublée aux Séchelles, prit une délibération concernant les déportés, et décida, malgré les intentions bien connues du gouvernement, que ces soixante-neuf individus seraient transportés en d'autres lieux.

Les mécontens des Séchelles furent enchantés de cette décision; mais, pour l'exécuter il fallait dépenser la somme de soixante mille francs à l'armement d'un vaisseau, et l'assemblée coloniale de l'Ile-de-France n'avait point jugé convenable de fournir une somme si importante dans un moment où elle ne recevait aucun secours de la métropole.

Toutefois ils ne négligèrent rien pour assurer le succès de leurs menées et porter cette assemblée coloniale à faire le sacrifice des soixante mille francs. Ils renouvelèrent leurs plaintes amères, accusèrent les déportés de vouloir s'approprier toute la colonie et feignirent même d'abandonner leurs habitations.

Et que faisaient les déportés pendant tout ce trouble occasionné par leur présence ? Ils tâchaient pour la plupart de se rendre utiles aux habitans chez lesquels ils étaient logés et nourris ; ils partageaient les soins et les travaux qu'exigeaient leurs nombreuses propriétés ; ils refusaient des concessions ou portions de terrein qui leur étaient offertes par le commandant des Séchelles, pour les faire jouir des mêmes droits que les anciens colons et pour les attacher entièrement à la colonie ; enfin ils ne témoignaient que le desir de retourner promptement sur le territoire français.

Les mécontens n'ignoraient pas que parmi les déportés plusieurs avaient laissé quelque fortune en France ; et comme ils doutaient que l'assemblée coloniale de l'Ile-de-France consentît à fournir les soixante mille francs dont ils avaient fait la demande, ils offrirent aux déportés le moyen de retourner dans la mère patrie, en leur proposant l'achat d'un bâtiment. Trois habitans se chargeaient de les accompagner jusqu'à l'île de Mozambique, où ce bâtiment serait reçu sous le pavillon espagnol.

Cette proposition, qui s'accordait avec les desirs des déportés, fut sur-le-champ acceptée par eux. Ils nommèrent trois de leurs compagnons, Rossignol, Vanheck et Corchant, pour conclure cette affaire, à laquelle ils attachaient la plus haute importance ; les habitans, de leur côté, confièrent leurs intérêts à trois de leurs compatriotes, nommés Mondon, Marie et Savy.

Comme il ne se trouvait point alors dans le port de Mahé un bâtiment qui pût contenir tous les proscrits, et qu'un constructeur, nommé Planot, en avait sur le chantier un du port de soixante-dix tonneaux, on s'empressa de le lui acheter, bien que la construction n'en fût pas entièrement achevée. Le déporté Vanheck fournit, en paiement, pour trente-six mille francs de lettres de change sur Paris, et le sieur Conant, habitant de la Digue, consentit à garantir la créance en engageant à cet effet son habitation et ses nègres.

Voici à quelles conditions le sieur Conant servait de caution aux déportés : il se chargeait de les conduire dans un port de France ; et immédiatement après leur arrivée, le bâtiment devait lui appartenir, sans rétribution quelconque de sa part, bien que les lettres de change dussent être fidèlement acquittées. On concevra le bénéfice immense que ce colon comptait retirer de cette entreprise, si l'on considère que le corps du navire était tout en tatamaca (1), sorte d'acajou dont on fait

_____

(1) Le déporté Moreau, ébéniste, fit, pendant son séjour à Mahé, plusieurs meubles de tatamaca, et il trouvait ce bois absolument semblable à l'acajou d'Amérique. Il paraît cependant qu'il est d'un rouge plus foncé, et qu'on pourrait en retirer une superbe teinture ; car, lorsqu'il a été exposé à la pluie, tous les objets qui le touchent en emportent des marques qui disparaissent bien difficilement.

communément usage aux îles Séchelles, pour la construction des vaisseaux. Il ne pouvait donc manquer de recueillir une somme considérable de la vente de ce navire, en le faisant déchirer dans un port de France.

Les habitans se chargèrent des lettres de change, et s'imposèrent, pour payer le constructeur, à trois piastres par tête de nègre. Ils s'engagèrent, en outre, à fournir des vivres pour six mois de traversée. Mais, suivant une des principales clauses du traité, aucun des soixante-neuf proscrits ne pouvait, sous quelque prétexte que ce fût, rester dans l'archipel des Séchelles, après le départ du bâtiment.

Le traité conclu, les habitans et les déportés se livrèrent à la joie la plus vive : les premiers voyaient avec satisfaction qu'ils allaient être débarrassés de leurs hôtes, et ceux-ci ne demandaient pas mieux que de quitter la colonie, espérant d'être secondés par les circonstances, ou de parvenir à tromper la police de Bonaparte.

Cependant dix ou douze déportés, qui ne se laissaient point séduire par ce frivole espoir et qui craignaient de trouver une perte assurée où les autres voulaient chercher des moyens de salut, protestèrent contre toutes les conventions faites entre leurs compagnons et les habitans. M. de Quinssy déclara, de son côté, qu'il ne délivrerait point des lettres de mer au chef de l'expédition. Mais il était dit qu'on ne s'arrêterait à aucune difficulté. Plusieurs déportés, pour avancer le moment de leur départ, travaillèrent eux-mêmes à la construction du bâtiment, qui bientôt se trouva en état d'être mis à la voile.

Déjà les habitans fixaient le jour où tous ceux qui logeaient des déportés devaient les envoyer à l'établissement de la colonie pour leur embarquement, lorsqu'on apprit que le capitaine Hulot, commandant la corvette *le Bélier*, était venu annoncer à l'Ile-de-France les préliminaires de paix entre la France et l'Angleterre, signés à Londres le 1er octobre

1801 (1). Cette nouvelle fut reçue avec des transports de joie aux îles Séchelles ; mais elle y occasionna tout-à-coup la rupture du traité conclu entre les habitans et les proscrits. Les premiers refusèrent de remplir leurs engagemens envers les derniers, et ils revinrent aussitôt à leur ancien projet. Ils présumaient que l'assemblée coloniale de l'Ile-de-France, qui ne voulait pas dépenser la somme de soixante mille francs à l'armement d'un vaisseau, se servirait, pour la translation des proscrits, de celui qui venait d'arriver à cette île, qui était tout armé et qui se trouvait à sa disposition. Ils comptaient ainsi épargner les vivres qu'ils devaient fournir pour six mois de traversée et se dispenser de payer l'impôt de trois piastres par tête de nègre ; impôt qui, à dire vrai, révoltait plusieurs d'entr'eux ; car ce ne fut qu'une partie des habitans qui s'arrogea le droit d'imposer tous les autres.

(1) La paix difinitive fut signée à Amiens, le 25 mars 1802.

Les mécontens avaient déjà réussi à persuader aux colons de l'Ile-de-France que tous les déportés étaient des misérables que le gouvernement voulait anéantir, mais que des considérations politiques avaient sauvés de l'échafaud. Ils faisaient semer, dans cette colonie, les bruits les plus fâcheux et les plus mensongers, tels, par exemple, que les déportés s'étaient emparés de leurs habitations et que leurs familles erraient çà et là dans les bois. Aussi n'y parlait-on que des déportés : on criait à l'injustice; tous les honnêtes gens, naturellement trop crédules, étaient d'avis qu'il fallait délivrer les îles Séchelles de ces perturbateurs du repos public.

L'assemblée coloniale de l'Ile-de-France y envoya, comme l'avaient prévu les habitans, la corvette *le Bélier*, commandée par le capitaine Hulot. Cette corvette, en entrant dans le port de Mahé, tira cinq coups de canon. C'était un signal convenu pour que les habitans et une partie de leurs nègres prissent les armes et s'assurassent aussitôt des déportés. Partout on fit des arrestations, et on mit des pirogues à la mer, pour aller chercher ceux des proscrits qui logeaient dans les habitations les plus éloignées. Le capitaine Hulot en fit mettre aux fers plusieurs, qui, révoltés d'une semblable mesure, voulaient en arrêter l'exécution. On doit croire que si les déportés, dont le courage n'était point douteux, avaient pu prévoir cette nouvelle catastrophe, ils se seraient emparés, par violence ou par ruse, de toutes les armes des habitans ; ils auraient choisi une position avantageuse, et la colonie serait devenue le théâtre d'un combat sanglant. Mais, à l'arrivée de la corvette *le Bélier*, ils se trouvaient dispersés et sans armes, dans les diverses habitations, de façon qu'il fut facile aux habitans et à leurs nègres de se rendre maîtres de tous ces infortunés. Un commissaire, qui accompagnait le capitaine Hulot, et que l'assemblée coloniale de l'Ile-de-France avait chargé de ses instructions, s'empressa de mettre fin aux traitemens rigoureux qu'éprouvaient les déportés.

Ce commissaire fit assembler les habitans, et il leur dit qu'il ne voyait rien qui pût justifier leurs plaintes; qu'ils en avaient imposé à l'assemblée coloniale de l'Ile-de-France ; que leur colonie était tranquille ; que chacun y vivait chez soi ; qu'il n'en exécuterait pas moins les ordres qu'il avait reçus ; mais qu'aussi il porterait la vérité à la connaissance de cette assemblée, et l'instruirait de leur coupable conduite.

Quelques habitans reclamèrent en faveur de divers déportés, et ceux-ci firent connaître les étranges procédés de leurs ennemis, parlèrent de l'achat du navire, et demandèrent l'exécution du traité conclu entre eux et les habitans. Le commissaire reconnut la légitimité de leurs plaintes ; mais il persista dans la résolution de suivre les ordres de l'assemblée coloniale de l'Ile-de-France.

Cette résolution, quand il s'agit d'ordres d'une autorité qui a été induite en erreur, n'est-elle pas plus à blâmer qu'à louer ? Il semble que, dans une telle occurence,

on devrait instruire ses supérieurs de la vérité, et attendre de nouvelles instructions. D'ailleurs la volonté du gouvernement, dont il était facile de s'assurer, ne devait-elle pas prévaloir ? Le ministre de la Marine avait écrit au commandant des îles Séchelles : « Si les habitans de Mahé
» se trouvent formalisés de la présence de
» ces nouveaux colons, ils peuvent passer
» à l'Ile-de-France, le gouvernement de
» cette colonie les indemnisera de la perte
» de leurs habitations. » Mais que pouvaient espérer des hommes bannis de leur patrie, en butte à la jalousie et à la haine de presque tous les habitans dont ils venaient partager le sort, et accusés auprès des autorités, qui seules auraient pu faire respecter leurs droits ?

Le capitaine Hulot, ne pouvant, à cause de son nombreux équipage, recevoir sur son bord les soixante-neuf déportés, se chargea de trente-trois de ces malheureux, dont vingt avaient été conduits aux Séchelles, par la frégate *la Chiffonne*, et treize par la corvette *la Flèche*.

Voici les noms de ces déportés :

Rossignol, Lefebvre, Vanheck, Dupont, Lefranc, Thirot, Saunois, Thirion, Taillefer, Breban, Corchant, Frenière, Georget, Gerbaux, Laporte, Moreau, Pachou, Paris, Saint-Amand, Soulier, Bouïn, Joly, Maignan, Mamin, Chrétien, Gosset (*Jean-Marie*), Gosset (*Louis*), Lageraldy, Lacombe, Marconnet, Millières, Serpolet et Vauversin.

Maintenant, c'est du sort de ces trente-trois individus que nous allons occuper l'attention du lecteur ; car les trente-six autres déportés, laissés forcément aux Séchelles, parvinrent à établir une bonne harmonie entre eux et les habitans, et à les faire repentir, comme on le verra plus tard, de leurs fâcheuses préventions et de leurs coupables procédés.

Les trente-trois déportés furent enfermés dans un logement qui n'avait, tout au plus, que dix-huit pieds de longueur sur douze de largeur, et on plaça, à la porte de ce logement, trois sentinelles armées de sabres et de pistolets. Le 13 mars 1802, *le Bélier* leva l'ancre et s'éloigna des îles Séchelles.

Les déportés n'éprouvèrent aucun adoucissement dans leur situation ; on continua de les surveiller avec une sévérité extrême, et on ne permit à aucun d'eux de sortir de l'endroit où on les avait mis, et où ils étaient tellement serrés, que le moindre roulis suffisait pour les entasser les uns sur les autres. Cependant, le vaisseau naviguait dans la zône torride ; ils expiraient de chaleur et de soif ; car bien que, dans cette affreuse position, ils eussent plus besoin d'eau que les hommes de l'équipage, qui respiraient un air pur, on leur en donnait une demi-bouteille de moins par homme et par jour. L'excessive chaleur les força de se dépouiller de leurs vêtemens ; mais, nonobstant cet état de nudité, l'eau s'échappait en quelque sorte, par leurs pores, comme d'une éponge pleine, qu'on presse dans la main.

Cet excès d'humiliation et de souffrance

excita parmi eux le plus violent désespoir, et leur fit desirer la mort. Le capitaine, qui avait conservé de fortes préventions contre tous ces déportés, et qui suivait trop strictement les ordres qu'il avait reçus à l'Ile-de-France, parut insensible à leurs cris. Rossignol, le cœur brûlant de colère, demanda obstinément à parler au capitaine; celui-ci le fit monter sur le pont, et lui demanda ce qu'il voulait. « Nous voulons, répondit Rossignol, que vous nous fassiez fusiller tous sur votre bord! Cette mort sera cent fois plus douce pour nous que le supplice auquel vous nous avez condamnés! » Le capitaine dit qu'il ne pouvait disposer de leur vie. « Eh bien, reprit Rossignol, puisque vous ne consentez point à nous ôter une existence qui nous est odieuse, laissez-nous respirer! L'air anime tous les êtres, et nous en sommes privés dans l'étroite et obscure prison où vous nous tenez enfermés, comme d'infâmes scélérats! » Ces paroles, prononcées avec l'accent d'un homme qui n'avait plus rien à redouter, firent impression sur le capitaine : il permit aux proscrits de monter tous les jours, six par six, pendant une heure, sur le pont.

Le Bélier aborda, le 3 avril 1802, à Anjouan, l'une des îles Comores, située à trois cent quarante lieues sud-ouest des Séchelles, entre l'Afrique et la partie septentrionale de Madagascar, par les douze degrés quinze minutes de latitude sud.

Le lendemain, on jeta les proscrits sur une plage brûlante et pendant la plus forte ardeur du soleil, comme des animaux destinés à peupler des déserts. Le sol, entièrement découvert dans cette partie, ne leur offrait nulle part un abri, pour se garantir de la chaleur, et ils étaient à trois-quarts de lieue d'une ville qui porte le nom de cette île et qui est gouvernée par un roi arabe.

Le capitaine Hulot dit au roi d'Anjouan que ces trente-trois hommes lui étaient envoyés par le gouvernement français, en signe d'alliance et d'amitié, pour contribuer à la défense de ses possessions. Il lui promit, au nom de l'assemblée coloniale de l'Ile-de-France, qu'il lui serait payé annuellement une certaine somme pour la subsistance de ces individus, et, afin de l'engager encore mieux à les garder dans l'île, il lui fit présent de trois pièces de canon, de quarante-huit fusils, de douze barils de poudre, de mille cartouches à balle, de quelques sacs de pierres à feu et d'une pièce d'écarlate.

Ces précautions prises, *le Bélier* leva l'ancre et partit à pleines voiles, pour retourner à l'Ile-de-France.

Sans doute le lecteur ne nous saura pas mauvais gré de faire connaître, avec quelques détails, le nouveau lieu d'exil des proscrits, lieu qui va devenir le tombeau de la plupart de ces infortunés.

L'île d'Anjouan, qui a une vingtaine de lieues de tour et une forme à-peu-près triangulaire, est élevée, surtout vers le milieu, et arrosée par deux rivières, qui, descendant des montagnes, vont, d'un cours rapide, se perdre dans la mer. On y voit de jolies grottes et de charmantes cascades, formées sans aucun secours de l'art. Des oiseaux, inconnus en Europe, animent ces lieux pittoresques, et charment les yeux par la diversité de leurs couleurs. Mais le climat de cette île est excessivement malsain. Pendant presque toutes les saisons, l'air y occasionne des fièvres malignes. Les Européens ne résistent pas long-temps à cette insalubrité, dont la funeste influence agit vivement durant les nuits. Aussi les personnes qui relâchent à Anjouan, ont-elles la précaution de quitter la terre avant le coucher du soleil. Cette île, abondante en rafraîchissemens, est quelquefois fréquentée par les vaisseaux qui naviguent sur le canal de Mozambique. Elle produit du riz, des bananes, des patates, des ignames, des ananas, des cocos, des mangues, du maïs, du millet, du gingembre, des cannes à sucre, des oranges et des citrons. Les habitans vendent, aux navigateurs, des bœufs, des cabris, des tortues, et diverses productions du sol.

Il se trouve à Anjouan deux villes capitales, l'une vers l'est, l'autre vers l'occi-

-dent. La population de chacune de ces villes est de quatre à cinq mille habitans. Elles sont gouvernées par deux chefs, qui prennent le titre de roi, et qui se font une guerre continuelle. Il n'y a que deux lieues de distance de l'une à l'autre ; mais elles sont séparées par une chaîne de montagnes couvertes d'arbres toujours verts.

La ville d'Anjouan a un fort et des ramparts garnis de quelques pièces de canon. Crainte de surprise, de la part de l'ennemi, les portes de cette ville sont régulièrement fermées tous les soirs.

Les Anjouanais, d'une classe un peu élevée, sont originaires de l'Arabie et des côtes de l'Abyssinie. Ils ont la couleur du cuivre bronzé. Tout le reste de la population se compose de nègres. La religion du pays est la mahométane.

Les deux rois remplissent eux-mêmes les fonctions de juge ; toutes les causes se plaident en leur présence. Ils ont droit de vie et de mort.

Les Anjouanais ne manquent ni d'armes, ni de munitions ; mais ils n'ont aucune idée de la tactique militaire. Pendant la durée d'une action, il y a un grand désordre parmi les troupes, composées, en très-grande partie, de nègres, qui préféreraient s'occuper de la culture de la terre. Sitôt que ces troupes ont fait feu sur l'ennemi, elles se retirent précipitamment, à une certaine distance du champ de bataille, pour recharger leurs armes. Les nègres faits prisonniers, de part et d'autre, sont vendus et mis en esclavage. Les déserteurs sont condamnés à mort. Le peuple les conduit sur le rivage de la mer; et là, après s'être livré à quelques actions bouffonnes, plus dignes d'une scène de carnaval que d'une si triste cérémonie, on leur tranche la tête.

Les Madécasses, ou nègres de Madagascar, qui sont infiniment plus belliqueux que les Anjouanais, leur font assez souvent la guerre. Ils fondent sur les îles Comores, avec quatre ou cinq cents pirogues, contenant chacune de trente à quarante hommes; ils détruisent les habitations, coupent les cocotiers et mettent à contribution les vaincus.

Les Anjouanais ont assez d'affabilité envers les étrangers; mais ils sont superstitieux et voleurs. Ils observent le ramadan, ou carême turc, et font, pendant un mois de suite, des jeûnes et des prières. Durant ce temps, depuis le lever jusqu'au coucher du soleil, ils ne prennent aucune nourriture; mais ils se dédommagent chaque nuit, en se livrant aux plaisirs et à la bonne chère. Ils ont deux fêtes dans l'année, qu'ils célèbrent avec toute la pompe que leur permettent les ressources du pays. Ces deux fêtes, qui durent trois jours chacune, sont le grand et le petit bairams des Turcs. La première suit le ramadan, et la seconde arrive soixante-dix jours après (1).

Lorsque les enfans ont atteint leur deuxième année, leurs parens les con-

___

(1) Les Turcs terminent le bairam par une prière publique, dans laquelle ils demandent à Dieu l'extermination de toute la chrétienté.

duisent dans la campagne, où, après avoir allumé un très-grand feu, ils leur font, avec des fers rouges, autant de marques et de dessins que la surface de leurs corps en peut contenir. Ces innocentes créatures poussent de lamentables cris, qui attendriraient les âmes les plus dures de nos contrées; mais ce peuple, par un effet de l'habitude, ne paraît guère s'inquiéter de leurs souffrances. Les mères assistent elles-mêmes à cette cruelle opération. Souvent on en voit jusqu'à une vingtaine d'attroupées, qui martyrisent ainsi leurs enfans.

Le costume des Anjouanais est à peu-près semblable à celui des Turcs. Les femmes portent à chaque bras et à chaque jambe cinq ou six bracelets de sept à huit lignes de largeur, en or ou en argent, suivant leur fortune; les plus pauvres en ont en étain. Leurs oreilles sont percées tout au tour et garnies de sept à huit clous de girofle d'or ou d'argent. Elles en portent également un aux deux côtés extérieurs des narines, et elles se trouvent le cartilage du milieu du nez où elles suspendent une petite plaque en forme de croissant, qui leur bat sur les lèvres. C'est une beauté chez elles d'avoir les mamelles bien pendantes. Les femmes et les filles pour se procurer ce genre d'agrément, se serrent fortement la partie supérieure du sein, et se passent tous les jours les mains sur les mamelles, en appuyant de haut en bas.

Chaque homme, selon ses moyens d'existence, peut épouser deux, trois ou quatre femmes. Lorsqu'un insulaire se marie, ceux qui sont conviés à ses noces se rendent aux portes de toutes les personnes de connaissance, où ils font une espèce de charivari, et alors il est d'usage que ces personnes leur fassent quelques présens en productions du sol. Tout ce qu'ils reçoivent dans leur tournée est apporté chez le nouvel époux et sert ensuite au repas de noces.

Les Anjouanaises, une fois mariées, ne quittent plus leurs maisons, ou, si elles sortent, des esclaves les suivent en les tenant couvertes d'une grande draperie. Aussi ne leur voit-on jamais le visage. Quand tout autre homme que son mari est auprès d'une femme, elle a toujours la tête cachée sous un voile épais. Ces femmes composent un rouge mordant dont elles se frottent les pieds et les mains. Les parfums sont très-estimés dans ces contrées : on y fait une grande consommation de musc.

Dès que les Anjouanais savent qu'un de leurs amis est sur le point de mourir, ils se rendent en foule chez lui et se mettent à chanter au bruit d'un vase de cuivre ou tam-tam. Quand le malade a rendu le dernier soupir, ils poussent des cris perçans, frappent des pieds et des mains, et finissent ainsi les témoignages de leurs regrets.

Après le départ de la corvette *le Bélier*, le roi envoya chercher, sur une chaloupe, les effets des déportés, que le capitaine Hulot avait fait déposer sur le bord de la mer, à l'endroit même du débarquement, et les exilés se rendirent aux portes de la ville, où on leur signifia, de la part du roi, qu'ils seraient, sans exception, logés hors des murs et en rase campagne.

Aussitôt que la volonté du roi leur fut connue, ils tinrent conseil et firent, pour le maintien de l'ordre parmi eux, un réglement en quinze articles. Ce réglement portait, en substance, qu'il était défendu à tous les déportés d'entrer dans la ville, de rechercher aucune femme, de troubler les habitans dans leurs exercices religieux, d'endommager les biens de la terre, de cueillir des fruits, etc. Ceux qui auraient contrevenu à cet arrêté, devaient être mis en prison et punis suivant la gravité du délit. Ils nommèrent ensuite trois commissaires qui furent chargés de surveiller la conduite de tous les autres proscrits.

On leur construisit pour logement une espèce de hangar, ouvert des quatre côtés : c'était tout simplement des perches fichées en terre qui supportaient un léger toit de feuilles de cocotier. Ils couchaient

Hangar de Feuilles de Cocotier où couchaient les Départis.

Echelle de 6 Lignes pour Toise.

sur la terre ; ils en respiraient toutes les exhalaisons, et ils avaient à souffrir, pendant les nuits pluvieuses, de l'écoulement des eaux, qui leur passaient sous les reins. Peu de jours après leur arrivée, ils achetèrent un nombre suffisant de lits ; mais l'humidité de la terre pénétrait à tel point leurs matelas, qu'ils étaient obligés de les exposer tous les jours au soleil. Durant les chaleurs de la journée, ils étaient brûlés par les rayons de cet astre, dont l'ardeur est si grande dans la zône torride ; et ce passage presque continuel de la sécheresse du jour à l'humidité de la nuit les exténuait et détruisait sensiblement leur santé. Ils adressèrent des plaintes au roi ; et, en lui faisant un tableau affligeant de leur déplorable situation, ils lui demandèrent la permission de construire eux-mêmes des logemens plus commodes, afin de diminuer leurs souffrances et de pouvoir conserver leur vie. Le roi leur permit de construire trois cases, et leur accorda en conséquence le bois dont ils pouvaient avoir besoin ; car il ne voulut jamais consentir à ce que les déportés logeassent dans la ville. Le capitaine Hulot les lui avait dépeints comme des hommes intrépides, qui lui seraient d'un grand secours dans les guerres qu'il avait à soutenir, et il craignait que ces hommes n'employassent contre lui-même et leur courage et leur habileté dans le maniement des armes.

Cependant, comme les ennemis faisaient des excursions sur ses terres et venaient quelquefois, pendant la nuit, jusque sous les murs de la ville, il donna aux déportés, pour leur propre défense, plusieurs fusils et un des canons qu'il avait reçus du capitaine Hulot.

Il leur proposa même, un jour que plusieurs d'entr'eux, grands chasseurs et des plus habiles, s'amusaient à tirer des buses et d'autres oiseaux de proie, de leur donner le commandement de ses troupes. Il disait que des hommes assez adroits pour abattre des animaux d'une médiocre grosseur, tueraient considérablement d'ennemis. Il promettait de leur laisser, pour prix

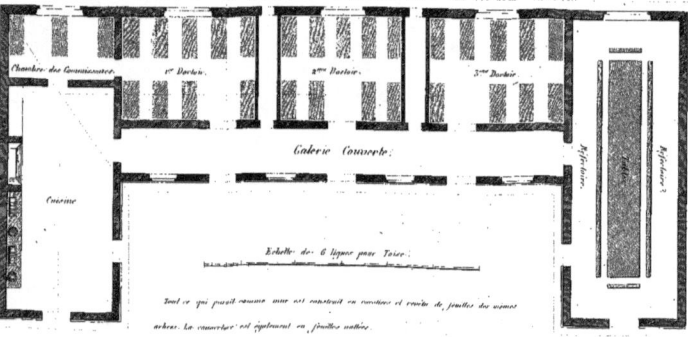

de leurs services, la moitié des prisonniers qui tomberaient au pouvoir de ses troupes. Cette offre fut d'abord rejetée par la plupart des proscrits ; ils disaient que des républicains, des hommes dévoués à la liberté ne devaient en aucune circonstance contribuer à augmenter le nombre des esclaves ; mais, après avoir sérieusement réfléchi sur leur triste situation, ils finirent par mettre de côté tous ces beaux sentimens, et ils firent savoir au roi qu'il pouvait compter sur eux.

Pour se distraire de leurs infortunes et adoucir la rigueur de leur sort, ils se mirent tous à travailler à la construction de leurs cases. Lefranc, architecte et mécanicien, avait tracé un plan, d'après lequel ils devaient construire un grand corps de logis, avec deux pavillons aux extrémités, et élever, devant la façade de ce bâtiment, un obélisque supporté par trente-trois colones, sur chacune desquelles se trouverait le nom d'un des proscrits. Ils avaient, pour la construction de cet édifice, des pierres et un ciment, que l'on compose, dans le pays, avec de la chaux de corail blanc (1).

Ils travaillaient avec une étonnante activité. L'occupation, qui est partout d'une si grande ressource contre l'ennui, était devenue un besoin réel pour ces malheureux ; elle leur faisait oublier leurs chagrins en les dérobant, pour ainsi dire, à eux-mêmes, pendant les fatigues de la journée ; elle leur rendait le sommeil plus tranquille et plus nécessaire, et elle leur promettait un avenir moins rigoureux. Une grande infortune, partagée par divers individus, rapproche les distances, anéantit les sujets d'aversion et resserre les liens de l'amitié. Plusieurs proscrits, qui furent d'abord indignés de se voir confondus avec des hommes dont ils avaient condamné les principes destructeurs, et qu'ils n'a-

___

(1) On pêche, à l'île d'Anjouan, une quantité prodigieuse de coraux blancs. Pour en faire de la chaux, on dresse un échafaudage, composé d'un lit de bois, d'un lit de coraux, ainsi du reste. On y met le feu, et la calcination rend cette matière propre à faire un ciment d'une force surprenante.

vaient jamais vu avant le jour de leur arrestation, finirent par s'attacher à eux, et par prendre la part la plus vive à tout ce qui les intéressait personnellement. Il faut dire de même, que ces derniers ne le cédaient point à leurs compagnons d'exil et de misère, en preuves de confiance, d'amitié et de dévouement. Ce retour, à des sentimens plus généreux, est encore un effet ordinaire du malheur.

En très-peu de temps la construction de la grande case fut fort avancée. Déjà plusieurs proscrits couchaient dans ce nouveau logement, lorsqu'une affreuse épidémie se déclara parmi eux, et suspendit tous leurs travaux. Ils éprouvèrent d'autant plus facilement les funestes effets du mauvais climat de cette île, que, depuis leur arrivée, ils se trouvaient sans cesse exposés aux intempéries de l'air. Cette maladie épidémique, dont ils furent presque tous frappés, leur occasionnait des douleurs excessivement aiguës, qui se répandaient dans tous leurs membres, et qui, en fort peu de jours, mettaient un terme à leur existence. Ils gémissaient sur leurs malheurs ; ils regrettaient les Séchelles ; ils maudissaient ceux qui les avaient éloignés des véritables lieux de leur déportation. Abandonnés à eux-mêmes, sans soins et sans secours de l'art, les uns faisaient entendre d'effroyables cris, que leur arrachaient les souffrances les plus cruelles ; d'autres expiraient dans de longues et horribles convulsions. A peine avaient-ils rendu le dernier soupir, que la putréfaction consumait leurs cadavres, et il en sortait des exhalaisons qui accablaient ceux qui se trouvaient à la proximité.

Rossignol fut une des premières victimes de l'épidémie (1). Jusqu'à son dernier moment, ses paroles ne démentirent point son caractère impétueux et son

___

(1) Ce fait, qui est très-avéré, donne une idée de la richesse d'imagination de l'écrivain qui a publié *le Robinson du Faubourg Saint-Antoine*, et qui, regardant probablement le général Rossignol comme un personnage fabuleux, s'est amusé à prolonger son existence jusqu'à nos jours, pour en faire le roi de je ne sais quel pays.

courage intrépide. Un quart-d'heure avant d'expirer, il s'écria, dans des mouvemens convulsifs, et en se tordant les bras : « Je meurs accablé des plus horribles douleurs ; mais je mourrais content, si je pouvais apprendre que l'oppresseur de ma patrie, l'auteur de tous mes maux, endurât les mêmes peines et les mêmes souffrances ! »
Il fut vivement regretté de tous ses compagnons d'infortune, qui, malgré leurs propres maux, trouvèrent encore des larmes pour pleurer son trépas. Du reste, un homme de ce caractère devait être essentiellement utile à ses compagnons : fallait-il agir avec vigueur ? il était le premier, et son activité paraissait infatigable ; fallait-il souffrir avec résignation ? il donnait l'exemple d'une âme stoïque, et il encourageait tous les autres à supporter la rigueur de leur sort.

Bouïn et Mamin, ces deux personnages si horriblement fameux dans les annales de la révolution, ne tardèrent point à être en proie aux ravages de la maladie : après d'effroyables tourmens, ils perdirent une funeste existence, qu'ils n'auraient jamais dû recevoir de l'auteur de la nature.

Enfin, dans moins de quinze jours, la mort moissonna vingt et un de ces déportés. Nous en avons déjà nommés trois; les dix-huit autres sont: Lefebvre, Dupont, Thirot, Breban, Soullier, Paris, Frenière, Gerbaux, Taillefer, Saint-Amand, Georget, Gosset (*Jean-Marie*), Millières, Marconnet, Serpolet, Lacombe, Thirion et Moreau.

Huit déportés: Maignan, Lageraldy, Pachon, Vanheck, Corchant, Laporte, Gosset (*Louis*) et Vauversin, dont la forte constitution avait résisté à la maladie, effrayés du sort de leurs compagnons, s'enfuirent d'Anjouan, avec le frère du roi, qui les reçut sur une de ses chelingues (1), qu'il faisait mettre à la voile pour Comore.

Il ne restait plus à Anjouan que quatre

---

(1) Les chelingues sont des bâtimens d'une médiocre grosseur; ils ne sont généralement pas pontés et n'ont qu'une grande voile latine et une petite voile de foc.

déportés : Lefranc, Saunois, Joly et Chrétien. Ils avaient avec eux trois nègres que l'assemblée coloniale de l'Ile-de-France avait fait donner aux trente-trois déportés, à leur départ des Séchelles, présumant que ces nègres, de nations différentes, seraient nécessaires à des hommes qui allaient être abandonnés dans des pays absolument nouveaux pour eux. Ces pauvres noirs leur rendirent en effet les plus grands services. L'un d'eux surtout, nommé Fernand, paraissait fort attaché à ses maîtres : c'était plutôt un ami qu'un esclave. Son intelligence et ses sentimens le rendaient supérieur à bien des hommes d'une autre couleur.

Les quatre déportés restés à Anjouan avaient long-temps lutté contre la mort; ils étaient exténués par de longues souffrances. La grande case où ils logeaient et qui n'était qu'à moitié construite, n'avait ni portes, ni fenêtres : ils étaient excessivement incommodés de la chaleur du jour et de l'humidité de la nuit. D'ailleurs la perte de vingt et un de leurs compagnons moissonnés en si peu de jours et dont les corps, à peine enfoncés dans la terre, reposaient à quelques pas de la case et attiraient des nuées d'oiseaux de proie qui fatiguaient l'air de leurs cris sinistres, remplissait leur âme d'une sombre tristesse et détruisait en eux les moindres germes d'espérance. Quelle situation ! Un tableau plus déchirant aurait-il pu s'offrir aux regards de quelques hommes jetés sur une terre étrangère, à trois mille quatre cents lieues de leur patrie ? Quelles erreurs, quels torts, quelles fautes, nous allions dire quels crimes, ne seraient pas rachetés par de si grandes infortunes ? Lefranc et Saunois n'étaient certainement pas des plus coupables, parmi les déportés, et Joly avait surtout cédé à une haine implacable qui l'animait contre le chef du gouvernement. Chrétien seul.... Mais détournons, s'il se peut, les souvenirs des jours affreux de la révolution, pour nous livrer entièrement à la pitié qu'inspire l'excès du malheur !...

Lefranc, ranimant le peu de force qui

lui restait, se traîna jusqu'auprès du roi. Son corps décharné, son teint livide, ses yeux éteints par la souffrance offraient l'image d'un fantôme sortant du tombeau. Il attendrit cet Arabe et lui fit verser des larmes de compassion ; nonobstant l'épidémie qui régnait parmi les déportés, il obtint, pour lui et ses compagnons, la permission d'occuper un logement dans la ville. Le roi donna les ordres les plus précis pour qu'on leur prodiguât toutes sortes de secours ; il leur envoya plusieurs noirs qui, de concert avec les trois esclaves, les soignèrent jour et nuit ; souvent même il venait les visiter, afin de s'assurer de l'exécution ponctuelle de ses ordres.

Les déportés ne tardèrent point à ressentir les effets de cet heureux changement ; mais le climat d'Anjouan est à un tel point contraire à des Européens, qu'ils désespéraient de leur entière guérison. Ils prièrent le roi de les envoyer à Mozambique. Celui-ci parut de nouveau touché de leurs malheurs ; il leur dit qu'il ne voulait point être la cause de leur mort, en les retenant malgré eux dans son île, et qu'il leur fournirait les moyens de la quitter, aussitôt que la chelingue de son frère serait revenue de l'île Comore.

Lorsque cette chelingue fut de retour, il donna en effet des ordres pour leur départ ; mais, cédant à son naturel, il leur fit arrêter, pour le remboursement des dépenses occasionnées par leur séjour dans l'île, un compte de quinze cents piastres, qu'il avait l'intention de produire à l'assemblée coloniale de l'Ile-de-France, et il refusa de leur fournir les vivres nécessaires pour le trajet d'Anjouan à Mozambique. Il leur enjoignit de passer à Comore, et leur dit, en leur remettant une lettre pour son frère Monié Backar Amady (1), que celui-ci, à qui il les recommandait très-vivement, leur faciliterait les moyens de se rendre à l'île de Mozambique.

(1) Ce Backar avait deux femmes ; l'une résidait à Anjouan et l'autre à Comore. Il passait alternativement six mois avec la première et six mois avec la seconde.

Un insulaire, nommé Bombéjack, qui les avait pris en amitié et qui voyait avec peine les nouvelles dispositions que le roi manifestait envers eux, les conduisit chez le gouverneur d'Anjouan, son ami intime; là, après une courte conférence qu'il eut avec ce dernier, il dit aux déportés : « Malheureux Français, n'allez point à Comore, ce serait courir à votre tombeau. Le roi a paru un moment touché de votre infortune; mais dans son cœur l'intérêt a bientôt étouffé la pitié. Nous vous fournirons des vivres pour le voyage de Mozambique; et lorsque la chelingue aura mis à la voile, vous ordonnerez à l'équipage de vous conduire à cette île; s'il refuse de vous obéir, voici des armes, vous vous en servirez : ce sont de pauvres noirs qui craignent beaucoup les blancs : fussent-ils cent, vous les ferez tous trembler (1). »

(1) Bombéjack est un petit homme, qui n'a tout au plus que quatre pieds et demi de haut; mais c'est bien le plus brave et le plus loyal de tous les Arabes. Il a autant de courage que d'humanité. On peut en juger par le trait suivant : Dans un combat contre les Madécasses,

Le gouverneur leur demanda ensuite la lettre que le roi adressait à son frère ; et, comme ils paraissaient tenir à cette lettre, il leur dit : « Le roi vous trompe ; il ne cherche qu'à se débarrasser de vous. Si ses intentions étaient sincères, il vous enverrait directement à Mozambique. Remettez-moi sa lettre, je vous dirai ce qu'elle contient ; et si vous préférez passer à Comore, plutôt que de vous soulever contre l'équipage de la chelingue, je vous donnerai une autre lettre, adressée au même Backar, dans laquelle vous serez réellement recommandés avec intérêt. » Les déportés n'hésitèrent plus ; ils lui remirent la lettre du roi. Le gouverneur ne l'eut pas plus tôt ouverte, qu'il s'écria : « Pauvres Français ! jugez si je vous ai dit vrai ; voici ce que le roi écrit à son

---

après avoir donné des preuves d'une rare valeur, il tomba au pouvoir de l'ennemi ; quatre nègres d'une stature colossale, furent chargés de le garder à vue. Bombéjack saute sur les armes d'un de ces nègres, il l'étend à ses pieds, et il ne s'en revient que lorsqu'il a blessé ou mis en fuite les trois autres.

frère : *Je vous envoie les quatre Français qui me sont restés ; vous vous en débarrasserez de telle manière que vous croirez convenable. Ces hommes ne possèdent plus rien, et j'ignore si l'assemblée coloniale de l'Ile-de-France remplira ses engagemens envers moi. Ainsi défaites-vous de ces Français le plus tôt que vous pourrez. Ils veulent aller à Mozambique, mais il ne nous convient pas de faire aucune dépense pour ce voyage.* »

Le gouverneur garda cette lettre, et, suivant la promesse qu'il avait faite aux déportés, il leur en remit une autre pour Backar. Bombéjack les recommanda aussi à un de ses amis de Comore. Ces deux Arabes ne se bornèrent point à ce signalé service; ils leur donnèrent plusieurs sortes de denrées du pays, dont ils pouvaient avoir besoin pendant la traversée ; car le roi, ennemi de toute espèce de profusion, ne leur avait destiné que fort peu de vivres, et ils auraient immanquablement souffert de la faim, sans la prévoyance et la générosité de Bombéjack et du gouverneur.

On sera peut-être surpris de la conduite peu humaine et de la sordide avarice du roi d'Anjouan ; mais il faut aussi considérer que, malgré ce titre pompeux de roi, il s'agit ici d'un Arabe, chef de la moitié d'une île qui n'a guère qu'une vingtaine de lieues de circonférence.

La chelingue étant revenue sur son lest, quatre ou cinq hommes avaient suffi pour la conduire ; mais, comme on venait de la charger de marchandises, il fallait un équipage plus considérable pour la faire aller à voiles et à rames. Le roi se chargea lui-même du soin de se procurer des nègres pour composer ce nouvel équipage. On ne devait s'embarquer que sur les onze heures du soir ; il fit fermer, un peu avant la nuit, les portes de la ville, et, tandis que les nègres de différens particuliers revenaient des travaux de la campagne, il les mettait en réquisition, jusqu'à ce qu'il en eût rassemblé un nombre suffisant.

La chelingue leva l'ancre le lendemain, à la pointe du jour. Il s'y trouvait un capitaine, seize hommes d'équipage, les quatre déportés et les trois nègres qui leur avaient été donnés aux îles Séchelles.

Chrétien se trouva, en mer, dans un état fort extraordinaire, causé sans doute par la violente maladie qu'il venait d'essuyer, et qui lui avait déjà occasionné quelques vertiges : il tomba dans un long délire, qui le fit extravaguer pendant plus de quinze jours de suite. Il ne paraît pas douteux non plus que les remords, dont le pouvoir agissait fortement sur lui, n'aient de même contribué à lui aliéner l'esprit. Son désespoir fut extrême quand il éprouva les symptômes de la maladie. Il appréhendait la fin de son existence : « Non, disait-il, que je craigne la mort, ou que je regrette la vie : je suis au-dessus de cette faiblesse ; mais mourir sans avoir pu réparer, par un peu de bien, une partie du mal que l'on a fait !.. cette idée est affreuse !.. »

Après cinq jours de navigation, les vents, toujours contraires, forcèrent la chélingue à relâcher dans une anse de l'île Comore, nommée Mo-Banko-Saméoli. Cette anse, située au nord de l'île, se trouve diamétralement opposée à l'endroit où Backar faisait sa résidence.

La chélingue resta trente-six jours sur son ancre, et, durant cette relâche, les déportés envoyèrent, auprès de Backar, trois nègres de l'équipage, qui traversèrent l'île pour lui remettre la lettre du gouverneur, et l'informer des contre-temps qui retardaient l'arrivée de sa chélingue.

Avant de rendre compte du résultat de ce message, nous allons entrer dans quelques détails sur l'île Comore, qui jusqu'à présent est fort peu connue. Il est rare qu'elle soit fréquentée par les vaisseaux européens ; parce qu'elle n'a aucune rade ; que les écueils dangereux qui l'environnent en rendent l'abord très-difficile, et que, d'ailleurs, l'île d'Anjouan, qui n'en est éloignée que de vingt-cinq lieues, offre à ces vaisseaux infiniment plus de ressources en toutes sortes de productions et de d'enrées (1).

Comore, qui a donné son nom au groupe d'îles situé dans la partie septentrionale du canal de Mozambique, est par onze degrés vingt-six minutes de latitude sud, et par quarante-un dégrés quatre minutes de longitude orientale. Les autres îles de ce groupe sont Anjouan, dont nous avons déjà parlé, Mayotte et Moéli.

La circonférence de Comore présente, à quelque chose près, la même étendue que celle d'Anjouan. Cette île est hérissée de mornes et entourée, comme nous l'avons dit, de dangereux écueils. Pendant presque toute l'année les sommets de

---

(1) L'île Comore est en effet si peu connue, que la plupart des géographes en ont toujours parlé d'après ce qu'ils savaient sur l'île d'Anjouan. Par exemple, dans les dernières éditions du Dictionnaire de Vosgien, nous lisons, à l'article Comore : « Sol fertile, eaux abondantes, habitans civilisés. » Tout cela est également faux.

beaucoup de ces mornes sont cachés dans les nuages.

Elle renferme plusieurs villes d'environ trois mille habitans, gouvernées chacune par un chef qui prend le titre de roi et qui a droit de vie et de mort. Tous ces gouverneurs ou petits souverains sont sous la domination d'un seul prince, appelé *le Grand Roi*, qui habite la ville principale, peuplée de sept à huit mille habitans. Celui-ci est le chef suprême de l'île; il a le droit de nommer et de déposer tous les autres. Le grand roi, qui existait en 1802, s'était montré cruel et sanguinaire dans les premières années de son règne; mais l'âge avait un peu adouci la férocité de son caractère. Ce prince était d'une stature telle, qu'il n'aurait pu passer, droit et de front, par une ouverture de six pieds de haut sur deux et demi de large.

Toutes les affaires, tant civiles que criminelles, sont jugées par les rois; mais les principaux habitans qui assistent aux audiences se permettent des représentations, sur les divers jugemens ; quelquefois même il arrive qu'ils allègent ou augmentent la peine des individus contre lesquels il vient d'être prononcé une condamnation.

Excepté les princes et quelques-uns des premiers habitans, qui tirent leur origine des Arabes et des Abyssins et qui sont eux-mêmes presque noirs, la population de Comore ne se compose que de nègres. Les deux sexes y sont en général plus beaux et plus robustes qu'à Anjouan. Le costume est à peu-près le même dans les deux îles ; mais les femmes de Comore paraissent un peu plus recherchées dans leur parure. Ces insulaires ont des mœurs étrangères à la civilisation ; ils sont pour la plupart, surtout dans l'intérieur de l'île, méfians et cruels envers les étrangers.

Ils professent le mahométisme, et tous les jours ils passent des heures entières dans leurs mosquées. Souvent ils s'assemblent dans des marchés et sous des espèces de portiques, pour traiter de leurs affaires ; mais dès que l'heure des prières est venue, ils ne manquent jamais de se séparer. Ces prières s'annoncent avec la voix : un iman monte sur une espèce de terrasse située dans la partie supérieure de la mosquée, et il avertit le peuple en criant de toute la force de ses poumons.

Il n'y a point de sources d'eau à Comore; on n'y boit que de l'eau de pluie, que l'on conserve avec beaucoup de soin dans des citernes. Cette île ne produit pas les vivres nécessaires à la subsistance de ses habitans. Les Arabes et les Abyssins, qui vont y faire des échanges, y apportent du continent de l'Afrique diverses sortes de denrées. Les Anjouanais y transportent aussi quelques productions de leur île.

Les trois nègres que les déportés avaient expédiés auprès de Backar, revinrent au bout de quelques jours avec huit autres noirs envoyés par cet Arabe pour augmenter le nombre des rameurs de la chelingue; et, au moyen de ce renfort, on se remit à la mer; mais il fut impossible à l'équipage, composé alors de vingt-quatre hommes, de doubler, à force de rames, une petite pointe de l'île. On fut par conséquent obligé de virer de bord et d'alonger la route en faisant presque le tour de l'île, par le côté opposé. On repassa ainsi devant Mo-Banko-Saméoli.

Ces Arabes sont en général de mauvais marins ; ils n'ont que les premiers élémens de la science nautique, et c'est presque toujours le long des côtes qu'ils font leurs voyages les plus fréquens.

Le lendemain, on découvrit à l'horizon, vers le nord, un de ces nuages noirs que les navigateurs appellent grains et qui sont pour eux l'indice d'un changement violent et subit dans l'état de l'atmosphère. Le capitaine de la chelingue qui aurait dû aussitôt faire carguer ses voiles, les laissa entièrement déployées. Tout-à-coup survint un vent impétueux ; le ciel s'obscurcit, et les flots se soulevèrent avec violence. Une pluie abondante tomba avec une telle force, qu'on eût cru voir des torrens se précipiter du haut des nues. La chelingue était chassée par le vent et ballottée par les vagues ; ses mouvemens rapides faisaient craindre un prochain naufrage. Les déportés criaient vainement d'amener les voiles ; l'équipage effrayé, ne s'occupait d'aucune manœuvre : la vue du péril avait glacé le courage de tous ces nègres, et les avait rendus immobiles au milieu de cette affreuse tourmente. Bientôt un furieux coup de vent fit chavirer en entier la chelingue, dont la quille s'éleva au niveau de l'eau. Elle se trouvait alors à plus de six lieues de terre.

Saunois, les trois nègres venus des Séchelles, et vingt-deux autres de l'équipage, parvinrent, après bien des efforts, à monter sur la quille du bâtiment ; Lefranc se débattait contre les vagues, qui l'avaient entraîné à quelque distance ; Joly et Chrétien, ne sachant pas nager, furent engloutis dans l'abîme. Ce qu'il y a de plus remarquable, dans la fin de ce dernier, c'est, qu'après avoir échappé à une mort presque certaine, en résistant à l'épidémie qui avait dévoré les deux tiers de ses compagnons d'exil, il perd entièrement la raison, et il semble ensuite ne la recouvrer que pour voir, avec plus de terreur, le terme d'une vie si criminellement agitée, et qui dût être pour lui un supplice continuel.

Deux nègres de l'équipage périrent également. Ils avaient vu flotter au loin quelques effets, et, dans l'espoir de s'en emparer, ils s'étaient beaucoup trop aventurés : la fureur des vagues ne leur permit ni de rejoindre la chelingue, ni d'arriver à la côte, dont ils étaient trop éloignés. Le capitaine disparut en suivant, à la nage, une petite pirogue, dont il se servait de temps à autre pour reprendre haleine.

Lefranc, après avoir long-temps lutté contre l'effort des flots, sentait toutes ses forces s'épuiser, lorsqu'il fut aperçu, malgré la grosseur des vagues, par le fidèle Fernand, qui croyait déjà qu'il avait partagé le sort de Chrétien et de Joly. Fernand engage l'un des deux autres esclaves, qui était un intrépide nageur, à aller au secours de Lefranc. Ce nègre, cédant aux instances de son camarade, se précipite dans les flots ; il parvient à joindre son maître ; il le saisit par le bras, le ramène à la chelingue, et le fait placer sur la quille de ce bâtiment.

Le vent conserva, pendant plus de trois heures, la même impétuosité. Les vingt-sept personnes, assises sur la quille de la chelingue, étaient sans cesse inondées par les vagues, qui leur passaient par-dessus la tête. Le mât, ébranlé par les secousses multipliées que lui occasionnait la violence de la mer, se détacha entièrement. Il était à craindre que le bâtiment ne coulât à fond, pour peu qu'il vînt à tourner en sens contraire. Au moindre mouvement, qu'il faisait de l'un ou de l'autre côté, on se penchait précipitamment du côté opposé, afin de le maintenir toujours dans la même position.

Quel affreux spectacle !.. Les hommes qui n'ont jamais couru de danger, et qui ont toujours goûté le charme d'une vie tranquille, n'ont qu'à fixer leur imagination sur cette scène d'horreur, pour avoir une idée de ce que les angoisses et la frayeur ont de plus terrible.

Le calme, en renaissant sur les flots, apporta peu de consolation à ces malheureux naufragés. Exténués de fatigue, sans le moindre aliment, pour ranimer leurs forces, quels objets auraient pu détourner leurs pensées de l'image de la mort ? Cette mer, peu fréquentée, ne leur promettait d'ailleurs aucun secours. Les nègres poussaient de lamentables cris; la frayeur, qui répand une couleur verdâtre sur leurs visages, était empreinte dans tous leurs traits. Fernand seul avait conservé quelque énergie ; il se mit debout, sur la quille de la chelingue, portant la vue çà et là, dans la vaste étendue de la mer. Mais, après être resté plus de deux heures dans la même attitude, n'entrevoyant aucune apparence de secours, il allait abandonner ce pénible poste... tout-à-coup il découvre, dans le lointain, trois petites pirogues de pêcheurs, qui se dirigent vers la chelingue ; il pousse un cri de joie, fait des signaux de détresse, les pirogues arrivent ; mais dès que les noirs qui les conduisent se sont aperçus que deux blancs se trouvent parmi les naufragés, ils jettent des cris de surprise, font des grimaces et des contorsions horribles, et se retirent à quelque distance de la chelingue.

C'étaient les premiers hommes de cette couleur qui s'offraient à la vue de ces sauvages. Ils disent aux nègres de la chelingue que s'ils veulent être secourus, il faut qu'ils jettent à la mer les deux hommes qui leur paraissent si extraordinaires. Ces nègres ne balancent pas entre leur propre salut et celui de ces deux blancs qui ne leur inspirent aucune pitié ; il font un mouvement spontané pour satisfaire les pêcheurs.... Fernand, le courageux Fernand saisit un couteau qu'il avait à sa ceinture : « Arrêtez ! s'écria-t-il avec indignation. Quoi ! lâches que vous êtes, vous voulez conserver vos jours aux dépens de deux infortunés ! Nous périrons tous ou ces blancs seront sauvés avec nous ! Je jure de percer le cœur au premier d'entre vous qui oserait porter la main sur eux. Ce sont mes maîtres ou plutôt ce sont mes amis ; ils m'ont toujours bien traité, et je ne veux point être un ingrat. » Ces paroles intimident les nègres ; ils n'osent plus bouger ; ils sont sans armes et ils voient bien que la menace de Fernand serait suivie d'un prompt effet.

Cependant les pêcheurs persistent dans la résolution de faire jeter à la mer les deux malheureux blancs. Lefranc imagine un moyen pour se soustraire au péril dont il est menacé ; il pense que l'intérêt, qui est partout si puissant sur les hommes, peut produire quelque heureux effet sur l'esprit de ces noirs. Il avait sur le corps un gilet de simple toile de coton ; il s'en dépouille, et leur fait signe que s'ils veulent le sauver avec son compagnon, ils recevront pour récompense ce vêtement qu'il étale à leurs yeux. Cette offre fait plus d'impression sur les sauvages que tout ce qu'on s'est efforcé de leur faire comprendre. Leur antipathie et leur méfiance s'évanouissent ; ils ne font plus difficulté de s'approcher de la chelingue.

Les trois pirogues portaient deux hommes chacune et elles ne pouvaient en contenir que quatre seulement. Ainsi il fallait plusieurs voyages pour transporter à terre les vingt-sept personnes de la chelingue. Heureusement les vagues, qui la poussaient sans cesse vers le rivage, l'en avaient déjà rapprochée de plus de trois lieues.

Les nègres de l'équipage voulaient chacun être des premiers embarqués, et ils desiraient tous que les déportés restassent les derniers ; mais Fernand, toujours dévoué à ses maîtres, les fit entrer dans la première pirogue ; ensuite s'adressant à ses compagnons d'infortune : « Maintenant je suis satisfait, leur dit-il, embarquez-vous quand vous le pourrez. Pour moi, je ne partirai d'ici que le dernier. »

Il tint effectivement sa parole ; ce ne fut qu'après tous les autres nègres qu'il mit le pied sur le rivage. Lefranc et Saunois furent si touchés des traits de dévouement et d'héroïsme dont ils venaient d'être témoins, qu'ils promirent à Fernand et aux deux autres esclaves de leur donner la liberté, avant de quitter l'île Comore.

Les insulaires, qui, du haut des mornes, avaient remarqué les divers débarquemens, accoururent de toutes parts, armés de sabres et de sagayes (1). Les déportés attirèrent tous leurs regards et excitèrent vivement leur curiosité. Ils se pressaient autour d'eux, pour les examiner de la tête aux pieds. Un nègre, qui paraissait être le chef de tous les autres, perça la foule, regarda attentivement ces deux étrangers, et leur fit signe, en prononçant quelques paroles inintelligibles pour eux, que, s'ils ne se rembarquaient pas sur-le-champ, il allait leur trancher la tête. Les déportés essayèrent de lui faire entendre qu'ils ne pouvaient obéir à son ordre, puisque la chelingue qui les transportait, avait chaviré à quelques lieues de la côte; mais ce

---

(1) La sagaye est une espèce de lance très-meurtrière. C'est aussi l'arme ordinaire des Cafres.

sauvage, qui ne les comprenait pas, leur imposa silence, en les menaçant avec son sabre.

Dans cette affreuse situation, les déportés ne pouvaient prendre aucun parti. Repoussés de cette île inhospitalière, il leur était impossible de se remettre à la mer, puisqu'ils n'avaient ni vivres, ni embarcations. Cependant ils étaient pressés de tous côtés. A chaque instant il paraissait de nouveaux nègres, qui ne servaient qu'à redoubler leurs craintes. Les uns accouraient pour satisfaire simplement leur curiosité ; les autres, à peine arrivés, manifestaient l'intention de jeter à la mer ces malheureux blancs, objets de leur antipathie.

Tout en se débattant, pour s'éloigner de quelques noirs, qui le serraient de trop près, Lefranc aperçut le capitaine Bonachime, le même qui s'était sauvé du naufrage avec la pirogue de la chelingue. Il s'élance vers lui, et le prie vivement de parler en sa faveur. Quoique cet Arabe sût la langue du pays, il paraissait avoir conçu des craintes pour lui-même. A genoux, le corps fortement incliné en avant, les bras croisés sur la poitrine, il priait avec une grande ferveur. Il se rendit toutefois au désir de Lefranc, et, s'adressant au chef des noirs, il dit que ces blancs étaient envoyés par le roi d'Anjouan, à Monié Backar Amady, son frère; que leur intention n'était pas de rester dans l'île, et que, si on les maltraitait, le roi, qui était leur ami, ne manquerait pas d'en retirer une éclatante vengeance, ainsi que d'autres blancs, qui passaient pour être très-redoutables et très-entreprenans.

Ces raisons parurent convaincre ce chef inhumain; il ordonna à sa troupe de ne faire aucun mal aux déportés.

Les nègres tinrent une espèce de conseil, où il fut décidé que, le jour même, les deux blancs seraient conduits dans l'intérieur de l'île. Avant le départ, les déportés exprimèrent, par des signes, qu'ils éprouvaient une soif brûlante. L'âcreté de l'eau de mer, qui leur était entrée dans la gorge, la révolution qu'avait produite en eux le naufrage, et la grande chaleur qu'ils enduraient depuis longtemps, leur avaient causé une fièvre ardente et une altération excessive. On leur répondit qu'on n'avait pas une seule goutte d'eau douce à leur donner. Ils aperçurent des cocotiers et témoignèrent le désir d'avoir quelques fruits de ces arbres ; les nègres allèrent chercher plusieurs cocos, dont Lefranc et Saunois burent la liqueur.

On ramena auprès d'eux les trois esclaves, dont ils avaient été séparés par la foule, et on s'éloigna immédiatement après de la plage. Les nègres de l'équipage, ainsi que ceux qui avaient été envoyés par Backar, restèrent avec le capitaine Bonachime, sur le bord de la mer, afin de trouver le moyen d'amener à la côte la chelingue naufragée, qu'ils avaient l'intention de réparer et de remettre à flot.

Douze hommes armés escortèrent Lefranc et Saunois. La marche fut longue et pénible. Saunois avait conservé de mauvais souliers ; Lefranc était pieds nus. Leurs chapeaux avaient été emportés par les vagues durant le naufrage, et il ne leur restait sur le corps qu'une chemise et un pantalon. Pour se garantir un peu de l'ardeur du soleil, qui leur causait des étourdissemens, ils furent obligés de retrousser leurs chemises par-dessus la tête; une partie de leurs corps, qui était exposée à cet astre, brûlant dans ces contrées, se remplit de cloches et d'ampoules, et n'offrit bientôt qu'une large plaie.

On s'arrêta dans un lieu presque désert, où l'on se disposa à passer la nuit. Les nègres ne donnèrent aucun aliment aux déportés, quoiqu'ils fussent accablés de fatigue et de faim ; ils leur ordonnèrent de rester dans un endroit désigné ; et, emmenant avec eux les trois esclaves, ils allèrent manger à quelque distance delà, les vivres dont ils avaient eu la précaution de se pourvoir. Fernand eut bien le soin et l'adresse de réserver, pour ses maîtres, une partie des alimens qui lui étaient destinés; mais ce peu de nourriture pouvait-il suffire à deux hommes qui n'avaient rien mangé depuis plus de vingt-quatre heures? Fernand imagina le moyen de faire faire à ses maîtres un moins court et moins léger repas. Il leur explique que les insulaires de Comore sont dans l'usage de faire des sachets où ils serrent de l'arec et des feuilles de bétel (1), et que ces noirs apprécient beaucoup les moindres morceaux de toile. Lefranc et Saunois déchirent aussitôt le bas de leurs pantalons et en remettent les morceaux à Fernand, qui

(1) L'arec est semblable au fruit du cyprès; l'arbre qui le produit ressemble beaucoup au cocotier, mais il a le bois moins épais et les feuilles plus menues.

Le bétel est une plante des Indes, qui s'attache aux arbres et y monte comme le poivrier et le lierre; ses feuilles, dont les Indiens et les habitans de Comore font un usage immodéré, sont un peu plus grandes et un peu plus aiguës que celles de l'oranger. Les hommes et les femmes en consomment à-peu-près trois douzaines par jour. Ils commencent par manger de l'arec; ensuite ils prennent une feuille de bétel, et, après en avoir ôté les fibres, avec leurs ongles aigus, ils y mettent une légère couche de chaux, et la chiquent comme si c'était du tabac. Ces ingrédiens font cracher aussi rouge que le sang et rendent les dents fort noires, ce qui est considéré comme une beauté par les habitans de Comore.

part et revient, peu d'instans après, avec une petite provision de patates.

Les déportés passèrent la nuit, étendus sur la terre, dans une grande et vieille case, qui paraissait être depuis long-temps abandonnée. Les insulaires, qui s'étaient aussi couchés dans cette case, les avaient placés au milieu d'eux, afin sans doute d'être avertis de leurs moindres mouvemens.

D'après l'explication qui avait eu lieu la veille, entre le capitaine arabe et le chef des noirs, les déportés ne doutaient point que l'escorte ne fût destinée à les conduire, avec sûreté, auprès de Backar. Ils comptaient ainsi continuer leur route ce jour même ; telle aussi avait paru être l'intention des noirs ; mais on ne se mit point en marche de la journée.

La nuit suivante, les déportés furent placés, comme la veille, dans la vieille case, au milieu des noirs de l'escorte. Tout le monde était enséveli dans le sommeil, lorsque Lefranc sentit une main s'agiter sur sa poitrine : « Qui va là ? »

cria-t-il, en se réveillant. — « Ne faites aucun bruit, ou votre mort est certaine, » lui répondit Fernand, qui venait de le réveiller. Le cri de Lefranc avait arraché du sommeil plusieurs nègres, qui se mirent sur leur séant ; l'esclave fidèle s'allongea auprès de son maître ; et les insulaires, n'apercevant rien, crurent sans doute que ce bruit avait été l'effet d'un songe, et s'étendirent de nouveau pour reprendre leur sommeil. Fernand s'approche alors de Lefranc, et lui dit bas à l'oreille : « J'ai découvert, dans la soirée, un complot formé par les nègres de l'escorte ; mais la surveillance qu'ils ont exercé sur moi, et les soupçons que j'aurais pu faire naître m'ont empêché de vous en prévenir plus tôt. Leur intention est de vous massacrer, ainsi que M. Saunois, vers le milieu de la nuit. D'autres nègres, qui leur ont inspiré cet horrible dessein, doivent venir donner le signal du massacre. Hâtons-nous de fuir, mon cher maître. Vous êtes accablé de fatigue ; nous aurons des mornes à pic à passer ;

mais de temps à autre je vous porterai, aidé de Jolicœur et de Germain. » (C'étaient les noms des deux autres esclaves.)

Lefranc instruit Saunois du péril auquel ils sont exposés ; ils veulent sur-le-champ tenter de s'y soustraire ; mais les nègres, qui n'ont pas eu le temps de se rendormir, se mettent encore sur leur séant. Les déportés sont dans la plus horrible inquiétude ; à chaque instant, ils craignent d'entendre le fatal signal, et ils n'ont pas la moindre arme pour disputer, à ces sauvages, leur triste et douloureuse vie. Après plus d'un quart-d'heure d'une si cruelle attente, les nègres paraissant être assoupis, les déportés et Fernand se lèvent, passent par-dessus leurs redoutables gardiens, et s'éloignent avec les deux autres esclaves, qui les attendaient à quelque distance de la case.

La marche fut extrêmement pénible. La nuit était obscure, et ils cheminaient à travers des mornes, dans des sentiers raboteux et semés de pierres, qui, à chaque pas, roulaient sous leurs pieds ;

mais l'espoir de fuir le plus affreux péril avait ranimé le peu de force qui leur restait.

Au retour du soleil, ils sentirent que, pour continuer leur marche, ils avaient besoin de se fortifier par un peu de nourriture. Ils se servirent d'un heureux moyen pour avoir des vivres sans s'exposer à de nouveaux périls. On se rappelle que, pour échapper du naufrage, Lefranc fut obligé de donner aux pêcheurs, qui conduisaient les pirogues, un gilet qu'il avait sur le corps; il eut alors la précaution de retirer, de l'une des poches de ce vêtement, un étui plein d'aiguilles; ces aiguilles fourniront, aux cinq voyageurs, le moyen de se procurer des alimens : les trois esclaves s'adressèrent à des noirs qui vivaient isolément dans l'île, et qui leur donnèrent des cocos et des patates pour quelques aiguilles.

Le second jour, les déportés, qui étaient exténués de fatigue, résolurent de prendre quelque repos; ils s'arrêtèrent dans une petite vallée, à l'ombre de quelques arbres.

Germain gravit un morne élevé, pour s'assurer si ses maîtres ne couraient aucun danger en ce lieu ; il revint bientôt, de toute sa vitesse, pour annoncer qu'une troupe de nègres, armés de sabres et de sagayes, se dirigeait vers la vallée où ils étaient. Les déportés avaient remarqué, près delà, un creux de rocher qui semblait servir de repaire à des bêtes féroces ; ils s'y enfoncèrent, ainsi que Jolicœur et Germain. Fernand se blottit derrière un buisson, pour observer la marche des insulaires. Ceux-ci, au nombre de seize, passèrent à vingt pas de Fernand, qui reconnut parmi eux les nègres de l'escorte. Ces noirs montèrent sur le morne, d'où Germain les avait découverts ; et, après s'y être reposés pendant un quart-d'heure, ils disparurent en descendant du côté opposé. Les déportés sortirent de leur refuge ; et, dans moins d'une heure, ils continuèrent leur marche, en longeant le pied du morne.

Le troisième jour, nos voyageurs ne trouvèrent plus aucun sentier ; quoique affaiblis par la fatigue et la faim, ils étaient obligés de gravir et de descendre des mornes à pic. Le sol brûlant, les pierres tranchantes et les épines leur avaient entamé les jambes et les pieds. Le zélé Fernand, qui avait prodigué à ces maîtres tous les soins imaginables, pouvait à peine se soutenir lui-même. Il leur disait : « Je ressens les douleurs les plus vives; mais ma plus grande souffrance est de ne pouvoir soulager vos maux. » Les deux autres esclaves, ayant moins de force d'âme que Fernand, avaient de même moins de courage et de résignation.

Le plus à plaindre était Lefranc; il ressentait des douleurs excessivement aiguës : il avait les pieds fendus et couverts de blessures ; ses ongles étaient brisés ou arrachés. Succombant à la douleur, il s'assit sur un roc et dit à ses compagnons d'infortune : « O mes amis, recevez mes adieux ! ranimez le peu de forces qui vous reste pour fuir ces tristes lieux. Puisse le ciel adoucir la rigueur de votre sort ! pour moi, il est temps que je termine ma déplorable vie, je vais attendre ici la mort : elle seule peut mettre un terme à mes souffrances et à mes malheurs ! »

Fernand, à qui ces paroles arrachaient des larmes de tendresse et de compassion, se précipita aux pieds de Lefranc. Ce fut dans cette triste circonstance que ce nègre donna les plus fortes preuves de la sensibilité de son âme. Il exhortait son maître à ne pas désespérer ; il priait le ciel de lui accorder sa protection ; il ne voulait pas le quitter, et il jurait de mourir avec lui. Il essaya, à plusieurs reprises, de le porter ; mais chaque fois ses forces l'abandonnèrent. Ses plaintes et ses gémissemens retentissaient dans cet effroyable désert.

Un nègre du pays, qui traversait ces lieux sauvages, accourt à la voix de Fernand ; il paraît frappé d'étonnement à la vue des déportés ; mais tout-à-coup les souffrances de Lefranc excitent sa compassion ; il approche avec confiance, il lui coupe ses ongles brisés, il ôte ses sandales, les lui met aux pieds ; ensuite, le soulevant par le bras, il l'excite et l'aide à continuer sa marche.

Les secours et les soins de ce nègre diminuèrent beaucoup les maux de Lefranc; mais il fallut traverser un espace que redoutent les naturels du pays, et qu'ils appellent *la Barre de Soleil*. C'est une longue vallée d'environ une demi-lieue de largeur, qui ne se trouve point dans la direction des vents, et où les rayons de cet astre semblent se concentrer; ils frappent avec une telle ardeur, que le sol en est presque calciné : on ne voit partout que des roches pointues et des pierres tranchantes dont l'excessive chaleur a fait une sorte de charbon de terre (1). Cette

---

(1) L'auteur des *Infortunes de plusieurs Victimes de la Tyrannie de Napoléon Bonaparte* prétend que cette vallée, à laquelle il donne deux lieues de largeur, est précisément sous la ligne. C'est une erreur grossière. L'île Comore est à onze degrés vingt-six minutes de latitude sud, et par conséquent à deux cent quatre-vingt-cinq lieues cinq sixièmes de l'équateur. D'ailleurs, en supposant même que cette île se trouvât juste sous la ligne équinoxiale, *la Barre de Soleil*, dont il est parlé ci-dessus n'aurait encore rien de commun avec cette

nouvelle fatigue fit enfler les jambes de Lefranc ; les cordons des sandales, qui étaient de feuilles de palmiste, et d'une rudesse extrême, pénétrèrent dans les chairs : son sang ruisselait de tous côtés. Le nègre redoubla de soins. Malgré la rareté des plantes, dans ces lieux stériles, il alla chercher des simples, qu'il broya dans sa bouche, et qu'il appliqua sur les blessures de Lefranc ; ensuite il prit un linge qui lui servait de ceinture ; il le mit en pièces, et lui en enveloppa les jambes et les pieds.

Ce nègre conduisit les cinq voyageurs dans une petite ville où il demeurait. Arrivé dans sa cabane, il appela sa femme, qui accourut avec un enfant à la mamelle ; il prit son fils, le haussa à plusieurs reprises au-dessus de sa tête, et le posa sur une natte, qui était dans un coin de la cabane. Il raconta ensuite à sa femme comment il avait rencontré leurs hôtes,

ligne, imaginée par les astronomes. C'est un phénomène qui tient à des causes purement locales.

et lui apprit le service qu'il leur avait rendu. La négresse embrassa son mari ; elle tendit les mains aux étrangers, et leur fit signe que son mari était pauvre, mais qu'il avait bon cœur. Elle déroula, au milieu de la cabane, une grande natte, sur laquelle elle fit asseoir les voyageurs ; et, dans peu d'instans, ces malheureux, qui venaient d'éprouver de si grandes privations, virent paraître une énorme gamelle pleine de riz; on apporta aussi des bananes, des cocos et des cannes à sucre.

On eût dit que l'hospitalité, qui semblait bannie de cette île, avait trouvé un sûr asile dans cette cabane de sauvage.

Sur le soir, il se forma, devant la cabane, un attroupement de noirs, qui demandaient à voir les déportés. Le nègre hospitalier aborda ses compatriotes, leur parla avec chaleur, et parvint à dissiper l'attroupement.

Un Abyssin, qui demeurait vis-à-vis la cabane où se trouvaient les déportés, et qui paraissait vivre dans l'abondance, leur fit savoir, par un nègre, que, s'ils voulaient venir loger chez lui, ils y seraient bien plus commodément. Le bon nègre chassa le messager, et fit entendre à ses hôtes que cet Abyssin était un méchant homme, qui n'agissait que par intérêt, et qu'il serait capable de les égorger, pendant la nuit, pour avoir leurs dépouilles.

Le lendemain, lorsque les déportés voulurent continuer leur route, pour se rendre auprès de Backar, le nègre lava les plaies de Lefranc et les pansa avec différentes sortes de simples d'un effet très-salutaire. Il voulut accompagner ses hôtes; il embrassa sa femme et son enfant, et il eut l'obligeante attention de porter Lefranc dans les endroits où la difficulté du terrain aurait pu le mettre hors d'état de soutenir les fatigues de la marche.

Les voyageurs arrivèrent le même jour dans la principale ville de Comore, bâtie sur une colline, à une demi-lieue de la mer, et où réside le *grand roi* de cette île. Ce roi, qui n'avait rien de grand que la taille, ne porte vraisemblablement ce surnom que pour se distinguer des autres petits souverains ou gouverneurs de villes, qui sont sous sa domination.

Les déportés, ainsi que les trois esclaves, se mirent sous un hangar, dans une grande place, et le nègre hospitalier alla chez le roi, pour annoncer les deux blancs et solliciter pour eux une audience. On lui dit que le roi remplissait, dans le moment, ses devoirs de religion, et que, lorsqu'il serait temps de lui parler, on aurait le soin de prévenir les deux blancs. Le nègre s'en revint auprès des voyageurs. Déjà plus de deux mille habitans s'étaient rassemblés dans la place, afin de voir ces étrangers, qui excitaient vivement leur curiosité. Bientôt un nègre, pour lequel tous les autres paraissaient avoir beaucoup d'égards, perça la foule, qui grossissait à vue d'œil, et vint dire aux proscrits que le roi, prévenu de leur arrivée, avait donné des ordres pour qu'ils ne fussent pas maltraités par le peuple. Il tâcha de dissiper les craintes qu'ils pouvaient avoir conçues, et ajouta que cette multitude de nègres n'ayant jamais vu de blancs, ne cherchait qu'à jouir d'un spectacle nouveau pour elle. Germain, qui était né à l'île de Madagascar, et qui entendait un peu le langage du pays, servait d'interprète à ses maîtres. Une heure après, le même homme reparut; il annonça que le roi était visible, et il invita les étrangers à le suivre.

Les plus simples particuliers de l'Europe ne se contenteraient guère de la demeure du *grand roi* de Comore : c'est une maison, ou plutôt une case, sans aucune apparence, composée de trois ou quatre pièces seulement. On introduisit les étrangers dans celle où se trouvait le roi. Ce monarque sauvage, aussi noir que l'ébène et d'une taille gigantesque, était assis tout nu, dans un fauteuil; deux croissans, adaptés à ce siège, soutenaient ses bras énormes. On lui apporta une pipe; il se mit à fumer, et donna ainsi son audience.

Le noir hospitalier, s'inclinant avec les marques du plus profond respect, dit au roi que les deux blancs infortunés, auxquels il avait servi de guide, étaient près de périr quand il les avait rencontrés dans le désert ; qu'ils étaient adressés par le roi d'Anjouan à son frère Backar, et qu'ils plaçaient leur dernière espérance dans la générosité du grand roi de Comore. Ensuite il invita Germain à raconter les malheurs de ses maîtres. Ce dernier fit un récit de tout ce qui pouvait émouvoir le plus la pitié du monarque, et quand il eut achevé de parler, le roi dit qu'il ne voulait pas que les blancs restassent dans la ville ; mais qu'en considération du roi d'Anjouan, il leur permettrait toutefois de s'y reposer jusqu'au lendemain, et qu'il leur fournirait les moyens de se transporter ailleurs. Les déportés demandèrent aussitôt à passer à Mozambique. Le roi leur répondit qu'il ne pouvait point les y envoyer ; mais que s'ils voulaient se rendre à Mascate, il les ferait recevoir sur une de ses chélingues, qui ne tarderait pas à partir pour cette ville. Les déportés refusèrent d'y aller, parce que ce voyage les aurait trop éloignés de la route qu'ils désiraient suivre pour retourner en Europe. Le roi dit alors qu'il leur fournirait deux pirogues et des hommes pour les conduire auprès de Backar. Après avoir accepté cette dernière offre, ils prirent congé du roi, qui, incontinent, donna des ordres pour leur départ.

Les déportés se rendirent, avec les trois esclaves et le noir hospitalier, dans une grande galerie, où ils devaient passer la nuit. Le roi leur fit apporter du riz, du lait de chèvre et du sirop de miel. Après ce repas frugal, ils s'étendirent tous les six, sur des feuilles de cocotier, que Fernand avait eu le soin d'apporter en ce lieu.

Le lendemain, dès que le jour commença de poindre, on vint dire aux voyageurs que les pirogues étaient prêtes, et que le roi ne permettait pas que les blancs restassent plus long-temps dans la ville. Cette crainte, témoignée envers deux malheureux blancs sans armes, sans soutien et sans espérance, semblerait n'appartenir qu'à une âme pusillanime; mais les nègres sont méfians de leur naturel ; ils nous supposent toujours quelque dessein caché, et les précautions qu'ils croient devoir prendre contre nos projets ou notre espionnage, vont souvent jusqu'à la cruauté. Le noir hospitalier conduisit les étrangers jusqu'au bord de la mer. Là, les proscrits se jetèrent dans les bras de leur libérateur, et le pressèrent fortement contre leur poitrine ; ils ne savaient comment lui prouver leur reconnaissance : « Bon noir, s'écriaient-ils en sanglottant, que Dieu te récompense de tes soins généreux ! » Lefranc, qui lui était le plus redevable, lui prodiguait ses embrassemens. Ces deux hommes, d'une nation et d'une couleur si différentes, qui semblaient ne devoir jamais se rencontrer, répandirent des larmes d'attendrissement, en se serrant dans leurs bras l'un contre l'autre. Les trois esclaves étaient profondément émus ; des pleurs s'échappaient aussi de leurs yeux : aucun d'eux ne pouvait se résoudre à quitter le bon nègre.

Pendant cette scène touchante, les deux

Français et l'habitant de Comore n'eurent plus besoin d'interprète. Les hommes, formés par la nature pour la peine et pour le plaisir, ont reçu d'elle deux manières universelles de s'exprimer et de s'entendre.

Il fallut enfin se séparer; les cinq voyageurs entrèrent dans les pirogues, et le bon nègre s'assit sur le rivage. On ne le perdit de vue que lorsque l'éloignement eut effacé tous les objets.

Au bout d'un trajet de deux heures, les pirogues s'arrêtèrent dans une petite anse. On conduisit les déportés chez un Arabe aveugle, nommé Jingué, qui leur fit servir un repas, et qui leur fournit, suivant l'ordre du roi, deux autres pirogues, pour aller à une petite ville nommée Condéh, où demeurait Backar.

Ce dernier accueillit fort mal les déportés; il parut bien moins sensible à leurs malheurs qu'à la perte de sa chelingue.

Lefranc et Saunois s'attendaient à trouver, chez cet Arabe, les huit autres déportés dont il s'était chargé au moment de son départ d'Anjouan ; mais ils apprirent que Maignan, Lagéraldy et Pachon étaient morts peu de jours après leur arrivée, et que Vanheck, Corchant, Laporte, Gosset et Vauversin venaient de partir pour l'île Zanzibar.

L'île Comore, voisine d'Anjouan, n'en diffère presque point sous le rapport du climat et de l'insalubrité de l'air. Lefranc et Saunois ressentaient toujours une grande altération dans tous les organes de la vie, et Backar ajouta beaucoup à leurs souffrances en leur donnant une chambre excessivement humide, où il n'y avait que des lits de corde, sans matelas, ni couvertures. Malheureusement ils avaient perdu, dans le naufrage, la lettre de recommandation que Bombéjack leur avait remise pour un de ses amis de Comore. Ils étaient donc condamnés à dépendre entièrement de ce Backar, qui les traitait avec si peu d'humanité. En vain le pressaient-ils sans cesse de les faire passer à Mozambique, Backar leur répondait toujours qu'il ne s'offrait aucune occasion pour cette île.

Cette vie languissante et importune ; la privation de tout ce qui aurait pu en diminuer la rigueur, et surtout le mauvais climat de Comore, renouvelèrent l'affreuse maladie qu'ils avaient essuyée dans l'île d'Anjouan. Ils n'auraient pu compter sur aucun secours de l'art ; car, dans toutes ces îles, on ne trouverait pas un seul médecin.

Ils avaient déjà rempli leurs promesses envers les trois nègres, et leur avaient donné la liberté, nonobstant les offres qui leur étaient faites par des Arabes qui désiraient acheter ces pauvres noirs. Ceux-ci n'abandonnèrent point leurs anciens maîtres ; ils leur prodiguèrent les soins les plus empressés, et parvinrent à calmer les accès d'une fièvre dévorante, qui consumait leurs jours.

Au bout de deux mois, Backar, las de contribuer à l'existence de cinq personnes, quoiqu'il ne les eût nourries qu'avec des ignames (1), chassa les trois nègres de

―――――――

(1) Espèce de patate, qui a un goût de chataigne.

chez lui. Fernand fut sur le point d'en expirer de douleur; mais Backar, étranger à tout sentiment humain, les força de retourner à Anjouan, en les faisant embarquer sur une chélinque qu'il expédiait à son frère. On conçoit quels furent les regrets des proscrits, lorsqu'ils se virent séparés de cet homme, qui leur avait donné tant de preuves de dévouement et auquel ils durent plusieurs fois la vie.

A peine les trois nègres eurent-ils quitté l'île Comore, que Backar offrit aux déportés une occasion de passer à Mascate. Ces derniers craignaient toujours d'apporter de trop longs retards à leur retour en Europe, en allant dans cette ville, située sur la côte orientale de l'Arabie, vers l'entrée du golfe Persique ; mais leur malheureuse situation et les mauvais procédés de Backar ne leur permettaient guère de choisir : ils acceptèrent l'offre de cet Arabe. Celui-ci promit de payer leur passage et de leur fournir des vivres pour la traversée. Il leur fit ensuite souscrire, pour le remboursement de ses prétendues dépenses, une lettre de change de trois cents piastres, payable par l'assemblée coloniale de l'Ile-de-France.

Le jour du départ, Backar ne voulut point les accompagner à la chelingue, quoiqu'il leur en eût fait la promesse ; mais il leur dit très-positivement qu'il irait les trouver dans la matinée pour les recommander au capitaine. Les déportés se rendirent dans la même anse où s'étaient arrêtées les pirogues qui les avaient conduits chez Jingué ; là, ils montèrent à bord de la chelingue qui devaient les transporter à Mascate. Ils attendirent vainement l'arrivée de Backar ; il ne parut point, bien que la chelingue eût tardé de lever l'ancre. Les déportés, qui n'avaient pris aucun aliment de la journée et qui voyaient qu'on ne se pressait guère de leur en offrir, se plaignirent de cette négligence et en témoignèrent leur étonnement ; le capitaine leur déclara que, Backar n'ayant point envoyé les vivres qu'il avait promis, il lui était impossible de leur en donner. Indignés de cette perfidie, ils demandèrent aussitôt à quitter la chelingue ; le capitaine ne leur laissa pas le temps de réitérer cette demande ; pour se débarrasser d'eux, il leur remit une reconnaissance qu'il avait reçue de Backar, et s'empressa de les faire conduire à terre. Il parut les voir partir avec d'autant plus de satisfaction, qu'il n'avait aucune confiance en celui qui les avait envoyés sur son bord.

Comptant toucher la pitié de Jingué, les proscrits allèrent lui demander quelques secours ; mais cet Arabe, quoique fort riche, ne leur répondit que par le refus le plus désespérant. Il y avait alors chez Jingué un habitant de l'île et un capitaine arabe ; cet habitant parut sensible aux infortunes des déportés : il intercéda pour eux auprès de Jingué et auprès du capitaine. Celui-ci leur proposa de les conduire à Zanzibar, moyennant une reconnaissance de trente piastres, payable par le premier capitaine français qui irait faire la traite des nègres dans ces parages. Il prétendait qu'il trouverait le moyen de se faire payer des ces trente piastres. Les déportés furent enchantés de cette offre; ils l'acceptèrent avec le plus vif empressement; et, bientôt après, le capitaine et l'habitant prirent congé de Jingué.

Il s'offrait cependant une assez grande difficulté que personne n'avait prévue, et dont Jingué ne s'avisa qu'une demi-heure trop tard. Le capitaine ne devait mettre à la voile que dans une quinzaine de jours, et il n'avait point été question s'il nourrirait les déportés durant cet intervalle. Jingué, qui ne voulait faire aucun sacrifice pour eux et qui craignait qu'ils ne restassent à sa charge, leur conseilla de retourner auprès de Backar; il leur promit d'engager le capitaine à les recevoir le plus tôt possible sur son bord, et de leur faire connaître, dans deux ou trois jours, ce qui aurait été décidé à cet égard.

Les déportés se présentèrent donc de nouveau chez l'impitoyable Backar; ils lui rendirent la reconnaissance qu'ils avaient reçue du capitaine, et lui firent de sanglans reproches de n'avoir point envoyé de vivres et de n'être point venu les recommander, selon les assurances qu'il en avait données. Backar, loin de chercher à se disculper de ses torts, leur signifia, que si dans quatre jours ils ne trouvaient point eux-mêmes le moyen de partir, il les chasserait sans pitié de chez lui.

Le gouverneur d'Anjouan, qui avait appris de Fernand et le naufrage des déportés et la conduite de Backar envers eux, s'était hâté de leur expédier une chelingue avec quelques secours, et son généreux ami Bombéjack s'était offert pour accompagner cette chelingue. Les déportés ne recevaient aucune nouvelle de Jingué, et ils voyaient approcher avec inquiétude le terme fatal fixé par Backar, lorsqu'on leur annonça l'arrivée de Bombéjack. Leurs âmes se livrèrent aussitôt l'espoir.

Bombéjack eut de la peine à les reconnaître, tant la misère et la souffrance avaient altéré leurs traits; il se précipita dans leurs bras, et accabla ensuite l'impitoyable Backar de paroles outrageantes. On apporta de la chelingue un dame-jeanne d'arack et une certaine quantité de vivres, sur lesquelles les déportés se jetèrent avec avidité. Bombéjack les conduisit, le même jour, à deux lieues de Condéh, chez un de ses frères qui depuis long-temps habitait l'île Comore. Les déportés reconnurent dans le frère, de Bombéjack l'habitant qui s'était intéressé à eux chez Jingué.

Il ne fut plus question de départ ; les déportés restèrent plus d'un mois chez le frère de Bombéjack, afin de rétablir leur santé, ruinée par tant d'épreuves. Toutefois le climat de Comore leur faisait toujours craindre quelque funeste rechute. Une nouvelle occasion qui s'offrit pour Zanzibar, les décida entièrement à y passer. Profitant de l'idée du capitaine qui avait voulu les conduire à cette île, ils donnèrent, pour leur passage, un bon de vingt piastres, payable par le premier capitaine français qui irait faire la traite des noirs à Zanzibar. Le compatissant

Bombéjack, qui par ses sentimens eût mérité d'appartenir à une autre nation, fournit aux déportés tout ce dont ils pouvaient avoir besoin pendant la traversée. Il reçut ensuite, ainsi que son frère, les adieux de ces exilés, qui partirent le cœur pénétré de tous les sentimens de la plus tendre amitié et de la plus vive reconnaissance.

Il fallut quinze jours au bâtiment arabe pour aller de l'île Comore à l'île Zanzibar, qui n'en est qu'à cent quarante lieues de distance. Cette dernière, qui a le titre de royaume, est près de la côte de Zanguebar, à cinq degrés quarante et une minutes de latitude méridionale. Ses principales productions sont les cannes à sucre, les cocos, les bananes, les patates, le maïs, les oranges et les citrons. Il s'y trouvent un certain nombre de banians qui, vraisemblablement, sont originaires des Indes. Les habitans suivent la religion mahométane. Ils tirent du continent de l'Afrique les nègres qu'ils vendent aux vaisseaux qui vont faire la traite dans ces parages. Ces insulaires ont une extrême antipathie pour les chiens, qui, à ce qu'ils prétendent, déchirèrent le livre de la loi. Quand un de ces animaux, venu de quelque bâtiment, s'est égaré dans l'île, ils s'arment de pied en cap et le poursuivent jusqu'à ce qu'ils soient parvenus à le détruire. Des matelots leur en amènent assez souvent pour les voir faire cette chasse bizarre.

Les nègres de Zanzibar se servent de flèches empoisonnées. Ils sont cruels envers les blancs, surtout quand ils ont bu du tari, liqueur enivrante qui se tire des palmiers et des cocotiers et que l'on nomme calou dans ce pays.

Les déportés, en entrant dans la rade de Zanzibar, remarquèrent deux navires français qui y faisaient la traite des nègres. C'étaient *le Petit-Adolphe*, de l'Orient, commandé par le capitaine Reyne, et un bâtiment des îles Séchelles, commandé par le capitaine Calais. Ce dernier avait fait partie des colons de Mahé qui s'étaient le plus fortement prononcés contre les déportés de la métropole, et qui avaient obtenu leur éloignement de cette colonie.

Lefranc et Saunois se rendirent chez le drogman ou l'interprète des Européens, nommé Bonamady, à qui ils demandèrent des nouvelles des cinq déportés qui les avaient précédés à Zanzibar. Le drogman leur dit que Vanheck, Corchant et Laporte étaient morts dans cette île, et que Gosset et Vauversin s'étaient embarqués sur une chelingue arabe, qui partait pour Mascate.

Le capitaine Reyne, qui se trouvait chez Bonamady, fit diverses questions à Lefranc et à Saunois, et leur dit, après avoir appris leur déplorable histoire, qu'il désirait pouvoir adoucir la rigueur de leur sort, mais qu'il lui était impossible de leur accorder aucun secours.

Ces paroles firent une fâcheuse impression sur l'esprit des déportés; car ils comptaient encore moins sur le capitaine Calais: le rôle qu'il avait joué aux îles Séchelles et la haine qu'il leur avait manifestée dans cette colonie ne leur permettaient pas d'en attendre des sentimens plus favorables.

Bonamady fut touché du récit des déportés ; il ne put voir sans compassion leur excessive misère : il dit au capitaine Reyne qu'il voulait les secourir ; mais qu'il désirait le voir contribuer à cette bonne œuvre. Le capitaine lui répondit qu'il n'avait que les approvisionnemens nécessaires au grand nombre de nègres dont se composait sa cargaison. « Que deviendront donc ces infortunés, répliqua Bonamady, si nous les abandonnons à la rigueur de leur sort ? » Le capitaine lui dit qu'il s'en inquiétait fort peu, et que si ces deux hommes lui inspiraient tant d'intérêt, il pouvait bien s'en charger tout seul. « Hé bien, oui, Monsieur, je m'en chargerai, reprit le drogman ; mais n'oubliez jamais, quand vous entendrez plaisanter sur les gens de ma nation, qu'un Arabe aura fait pour des Français ce qu'un de leurs compatriotes ne voulut point faire. »

Le capitaine fut sensible à ce reproche;

il conduisit les déportés dans une grande case qui lui servait de magasin, leur donna un cent de biscuits, deux bouteilles d'arack, quelques bouteilles de vin, et leur dit qu'ils pouvaient rester dans cette case jusqu'au moment de son départ; mais que c'était-là tout ce qu'il lui était possible de faire pour eux. Comme nos désirs sont souvent analogues à notre situation, les déportés passèrent subitement de la plus profonde tristesse à la joie la plus vive.

Bonamady joignit une certaine quantité de vivres à ce qu'ils venaient de recevoir du capitaine Reyne. Quant au capitaine Càlais, il refusa de leur donner aucune espèce de secours. Un homme qui montre une telle dureté de cœur envers ses compatriotes, ne s'adoucit guère dans des contrées où il peut croire que ses actions resteront inconnues au reste de la terre. Il serait difficile, par exemple, d'allier le fait suivant avec des sentimens tant soient peu charitables.

Un jour que ce capitaine avait envoyé faire de l'eau à une rivière distante de deux lieues de la ville, les déportés le prièrent de leur en donner un peu, dans une petite cruche qu'ils avaient apportée ; il leur dit : « Je n'envoie chercher que l'eau dont je puis avoir besoin ; si vous en voulez, faites comme les matelots, allez à la rivière. — Mais vous savez, répliquèrent les déportés, qu'on ne peut aller à pied à cette rivière, sans risquer d'être tué à coups de flèches par les nègres du pays. — Allez toujours, reprit le capitaine : si les nègres vous tuent, ils vous rendront un grand service. — Auriez-vous le courage d'y venir avec moi ? lui demanda Saunois ; car, en ce cas-là, j'irais volontiers. » M. Calais leur tourna le dos.

Le capitaine arabe, qui avait fait le voyage de Comore à Zanzibar, s'empressa de réclamer, auprès de MM. Reyne et Calais, le montant du bon de vingt piastres, qu'il avait reçu pour le passage des déportés ; mais ces deux capitaines lui signifièrent, en le chassant par les épaules, qu'ils avaient la coutume de n'acquitter que leurs propres engagemens.

Un jour que les déportés se trouvaient chez Bonamady, le capitaine arabe les pria, fort civilement, d'accepter une chambre dans la maison où il logeait, leur promettant qu'il ne les laisserait manquer de rien. Ceux-ci trouvèrent une telle offre fort extraordinaire de la part d'un homme qui n'était rien moins que généreux ; ils en demandèrent la raison au drogman ; et ce dernier leur dit qu'il ne doutait point que le capitaine n'eût l'intention de les garder comme en otage, jusqu'à ce qu'il fût payé du bon de vingt piastres. On peut croire que les déportés ne répondirent point à la politesse de cet Arabe.

Le capitaine Reyne, qui n'avait pas assez de monde pour le service de son bâtiment, proposa aux déportés de les conduire à l'Ile-de-France, sous la condition qu'ils feraient le quart, comme les matelots de son bord; mais il leur déclara que s'ils étaient recherchés, dans cette colonie, ils ne pourraient compter sur sa protection, attendu qu'il ne voulait nullement se mêler de leurs affaires. Les déportés lui répondirent qu'ils iraient avec sécurité à l'Ile-de-France ; que, loin d'avoir rien à se reprocher, ils avaient au contraire beaucoup à se plaindre de l'assemblée coloniale de cette île.

Le capitaine Reyne fit part de cet entretien à son camarade Calais, qui n'approuva point son projet, et qui chercha aussitôt à l'en détourner. Il lui dit que de semblables gens ne pourraient que le compromettre ; qu'il ignorait sans doute l'arrêté rendu par l'assemblée coloniale de l'Ile-de-France, relativement aux proscrits des Séchelles, et d'après lequel il était défendu à tout capitaine qui en aurait sur son bord, de communiquer avec la colonie. Il ajouta même que, si M. Reyne avait la faiblesse de ne pas se dédire envers Lefranc et Saunois, il serait le premier à le dénoncer.

Ces paroles inspirèrent le plus violent dépit au capitaine Reyne : « Ne serait-il pas honteux pour nous, s'écria-t-il, d'abandonner deux Français en Afrique, et de les laisser à la merci des Arabes ? J'ignorais l'arrêté rendu par le gouvernement de l'Ile-de-France ; mais un tel acte nous dispense-t-il de tout sentiment humain ? Ce pouvoir arbitraire pourrait bien être réprimé : la France ne sera pas toujours sourde à la voix de tant de malheureux ! » Le capitaine Calais ne répondit rien à ce discours. Néanmoins le capitaine Reyne aima mieux renoncer à son projet, plutôt que de s'exposer à perdre sa cargaison. Il promit aux déportés de leur laisser des vivres ; mais, la veille de son départ, il ne leur donna que trois petits sacs de mauvais riz.

Cependant il fallait que les déportés attendissent à Zanzibar une occasion favorable pour passer à Mozambique, et cette occasion pouvait ne pas s'offrir de quelques mois ; ils allèrent trouver Bonamady, afin qu'il intercédât pour eux auprès du capitaine Reyne ; mais ce drogman leur dit que ce serait une peine inutile, d'autant plus qu'il avait l'intention de leur accorder lui-même tous les secours que leur situation rendrait nécessaires. « Du reste, ajouta-t-il, venez loger chez moi : mes nègres vous serviront, et vous vivrez à ma table. » Ils s'empressèrent d'accepter cette offre, et ils reconnurent de nouveau que la bienfaisance est souvent un effet de la bonté naturelle à l'homme, plutôt que le résultat des maximes sublimes qu'on a publiées sur cette vertu si chère à l'humanité.

Peu de temps après le départ des capitaines Reyne et Calais, le drogman fit faire aux déportés la connaissance d'un capitaine arabe, nommé Salim. Ce capitaine était tourmenté d'un catarrhe qui l'incommodait beaucoup ; un soir qu'il éprouvait une très-grande souffrance, Lefranc s'avisa de lui apprêter un *lait de poule :* ce remède, fort en usage chez nous et inconnu dans ce pays, adoucit la poitrine du capitaine et calma les irritations qui lui causaient une toux fréquente : il prit Lefranc pour un médecin ; et afin de gagner son amitié, il lui promit de le conduire, avec son compagnon, à Mozambique. Lefranc lui continua ses soins, et parvint à rétablir sa santé. Au bout d'une quinzaine de jours, le capitaine reçut les déportés sur son bord. Le drogman leur fournit tout ce qui pouvait leur être nécessaire dans le trajet, et leur remit une lettre de recommandation pour l'un de ses amis de Mozambique.

Le bâtiment arabe jeta l'ancre à Oibo, l'une des îles Querimba, sur la côte de Zanguebar. La plus grande, qui a donné son nom à ce groupe, est à douze degrés vingt minutes de latitude sud. Les déportés virent encore à Oibo deux navires français qui y faisaient la traite des nègres : l'un était commandé par le capitaine Wolf, des îles Séchelles ; l'autre par le capitaine Mordeille, de Marseille. Les déportés se présentèrent devant ce dernier : « Qui êtes-vous, s'écria-t-il en les voyant paraître, et que diantre venez-vous chercher dans ces mauvais parages ? Il me semble que jusqu'à présent vous n'y avez pas fait fortune ! » Les déportés, craignant que le capitaine Mordeille ne conçût à leur égard les mêmes sujets d'appréhension que leur avait manifestés le capitaine Reyne, voulurent lui cacher les malheurs de leur déportation ; mais ce capitaine, peu satisfait de leur réponse, les pressa de lui avouer la vérité ; il leur promit d'avance de les prendre sur son vaisseau. Une physionomie ouverte, un air de franchise et la perte d'un bras commandaient la confiance en faveur du capitaine Mordeille. Les déportés ne lui firent plus un mystère de leurs infortunes. Il leur dit qu'il allait à la rivière de la Plata, et qu'il les laisserait dans quelque possession espagnole.

Le capitaine Wolf, qui survint pendant cet entretien, s'était fait remarquer aux îles Séchelles parmi les plus cruels ennemis des déportés ; il reconnut Lefranc et Saunois, et s'empressa de leur faire accueil. Ceux-ci, qui ne comptaient pas plus sur lui qu'ils n'avaient compté sur le capitaine Calais, lui demandèrent s'il croyait qu'ils ne se souvenaient point de sa conduite envers eux. Le capitaine Wolf les pria d'oublier le passé, protesta qu'il avait été induit en erreur, promit de leur en fournir une preuve incontestable, et les pressa d'accepter, jusqu'au moment de leur départ, un logement dans la maison qu'il habitait à Oibo. Les déportés crurent devoir céder à de si vives instances, d'autant plus que leur extrême détresse leur en faisait presque une loi et que, d'ailleurs, ce capitaine pouvait facilement détourner son camarade Mordeille des bonnes intentions qu'il leur avait déjà témoignées. La réconciliation se fit donc à l'instant même, et ils ne balancèrent plus à suivre cet homme qu'ils voyaient avec horreur quelques minutes auparavant. A peine arrivé à sa demeure, M. Wolf s'empressa de leur offrir des vêtemens, car ils n'étaient couverts que des haillons de la misère. Ensuite il leur apporta un livre imprimé, en leur disant : « Voici ce que j'ai reçu dans le temps de l'Ile-de-France ; voyez vous-même si un semblable écrit ne suffisait point pour surprendre ma bonne-foi. » Les déportés parcoururent quelques pages de ce livre, et virent en effet à quel point leurs ennemis avaient cherché à les flétrir et à les perdre dans l'opinion publique. C'était enfin un des moyens auxquels les habitans de Mahé et leurs amis de l'Ile-de-France avaient eu recours pour répandre tout l'odieux imaginable sur les principes et la conduite des proscrits, et obtenir ainsi avec plus de facilité leur éloignement de la colonie des Séchelles. Il est vrai que des hommes tels que Mamin, Bouïn, Pepin de Grouhette, Chrétien, Moneuse et plusieurs autres qui faisaient partie de la déportation, pouvaient être représentés sous un aspect effroyable; mais les colons, qui n'avaient eu pour guides que la jalousie, la haine et l'intérêt, s'étaient servis indifféremment des mêmes couleurs et des mêmes traits pour peindre tous les proscrits.

Lefranc et Saunois furent indignés de ces manœuvres, et rien ne leur prouvait cependant que le capitaine Wolf n'eût point pris part à la composition de l'odieux écrit qu'il leur produisait lui-même, dans l'intention d'atténuer ses torts envers eux ; mais comme ils avaient consenti à recevoir de lui des bienfaits, ils s'efforcèrent à étouffer, dans leurs cœurs, tout autre sentiment que celui de la reconnaissance.

Le quatrième jour de leur arrivée à Oibo, les déportés reçurent une visite du capitaine Salim ; il venait s'informer de leurs intentions et leur annoncer qu'il était sur le point de lever l'ancre. Les déportés dirent à cet Arabe que, d'après la promesse qu'ils avaient reçue du capitaine Mordeille, ils préféraient passer à la rivière de la Plata, plutôt que de s'exposer à faire un long séjour à Mozambique. Salim reçut leurs remercîmens et leurs adieux, et continua sa navigation.

Quels furent la surprise et le désespoir des déportés, lorsque, le lendemain, on vint leur dire, de la part du capitaine Mordeille, qu'il ne pouvait point se charger d'eux, parce qu'il avait trop de monde sur son bord, et qu'il craignait, d'ailleurs, en leur rendant service, de se compromettre envers le gouvernement français !

Lefranc se rendit sur-le-champ auprès de M. Mordeille ; il lui peignit son étonnement ; il lui dit que s'il ne remplissait pas sa promesse, il mettrait le comble à leurs malheurs, puisqu'il les avait empêchés de se rendre à Mozambique, avec le capitaine arabe qui s'était chargé de les y conduire ; mais il ne put le ramener à des sentimens plus humains. M. Mordeille se contenta de lui offrir sa bourse ; Lefranc repoussa cette offre avec dédain, et laissa éclater tout son ressentiment. Il alla ensuite rejoindre son compagnon d'infortune, et ils s'abandonnèrent l'un et l'autre à toute la tristesse que leur inspirait l'horreur de leur situation.

Le même jour, il arriva à Oibo un brick de l'île Bourbon, commandé par le capitaine Marchand. Ce navire allait à la recherche de quelques individus que les autorités de cette île avaient condamnés au banissement et dont ensuite elles avaient reconnu l'innocence. Le capitaine Marchand fut touché de la misère et du désespoir des déportés ; il se chargea de les conduire à Mozambique ; et, le jour suivant, son navire leva l'ancre et fit voile pour cette destination.

L'île de Mozambique, située à une demi-lieue de la côte orientale d'Afrique, dans la basse Éthiopie, et à quinze degrés deux minutes sud de la ligne, appartient aux Portugais, qui y font un commerce considérable avec le peuple du continent. Elle abonde en fruits et en bétail ; mais l'insalubrité de l'air y cause de dangereuses maladies. Les insulaires sont chrétiens, mahométans et payens. On y voit, comme à Zanzibar, un nombre assez considérable de banians.

Les déportés rencontrèrent à cette île quatre des compagnons d'infortune qu'ils avaient laissés aux îles Séchelles, à l'époque de leur départ pour Anjouan. C'étaient les frères Linage, Vacray et Vitra. Ils apprirent d'eux qu'un armateur, en passant à Mahé, les avait reçus sur son bord ; que cet armateur avait, à leur instante sollicitation, dirigé sa course à Anjouan, afin d'offrir à leurs malheureux compagnons le moyen de sortir de cette île, considérée comme le tombeau de tous les Européens qui y séjournent ; que là on leur avait raconté le désastre des trente-trois proscrits amenés par la corvette *le Bélier*, et qu'on leur avait fait voir la case construite par eux, et transformée depuis en magasin, où les navigateurs qui allaient se ravitailler à cette île, entreposaient une partie de leurs marchandises.

Les deux frères Linage, qui étaient très-industrieux et qui avaient déjà formé un établissement à Mozambique, s'empressèrent d'offrir à Lefranc et à Saunois leurs bourses, leur table et un logement.

Ces derniers demandèrent ce qu'était devenu le surplus des trente-six déportés laissés aux îles Séchelles à l'époque de leur départ de cette colonie. On leur dit que plusieurs y étaient morts de maladie ; que d'autres, qui n'avaient point d'engagement, s'y étaient mariés ; que le plus grand nombre logeait chez les habitans, et enfin que ceux-ci, sachant que l'assemblée coloniale de l'Ile-de-

France n'était point tranquille sur les suites de ses actes arbitraires, craignaient beaucoup eux-mêmes que la France ne les punît de leurs fausses dépositions.

Pendant le séjour que Lefranc et Saunois firent à Mozambique, on y répandit la nouvelle que le premier consul avait fait partir un vaisseau pour aller à la recherche des personnes déportées à l'occasion de la machine infernale ; et cette nouvelle, qui leur fut confirmée par le secrétaire du gouverneur de Mozambique, leur fit concevoir la plus douce espérance : celle de pouvoir, après leurs longues et cruelles épreuves, retourner au sein de leur patrie, sans s'exposer aux nouvelles poursuites d'un gouvernement soupçonneux et despotique.

Lefranc et Saunois se présentèrent chez un riche négociant partugais, nommé Montair, pour lequel le drogman de Zanzibar leur avait remis une lettre de recommandation. On les conduisit dans un vaste magasin où se trouvait ce négociant. Tandis qu'ils s'entretenaient avec lui, ils virent entrer un nègre, chargé d'un énorme fardeau ; ce nègre approche, jette son faix et se précipite à leurs pieds ; ils s'imaginent que c'est un esclave coupable qui réclame leur protection ; ils se hâtent de le relever, et ils reconnaissent leur fidèle Fernand. Surpris de le voir à Mozambique, ils le questionnent sur cette circonstance qui leur paraît fort extraordinaire ; Fernand leur répond que n'ayant pu trouver des moyens d'existence à Anjouan, à cause du grand nombre d'esclaves qui habitent cette île et qui suffisent à tous les genres de travaux, il s'est décidé, ainsi que Jolicœur et Germain, à se rendre à Mozambique, en se faisant recevoir, comme matelots, sur un bâtiment arabe. Dès qu'il a donné cette explication, il part avec la rapidité d'un trait, et va chercher Jolicœur et Germain, qui accourent auprès de leurs anciens maîtres. Ces pauvres noirs faisaient le métier de porte-faix et gagnaient bien difficilement de quoi subsister. Ils supplièrent les déportés de les reprendre pour esclaves, et voulurent leur rendre les écrits qu'ils avaient reçus d'eux à Comore : ils disaient qu'ils avaient assez joui de la liberté. Lefranc et Saunois leur avouèrent, les larmes aux yeux, qu'ils étaient trop malheureux eux-mêmes pour pouvoir les associer à leur sort. D'ailleurs, comme ils avaient résolu de tout tenter pour retourner dans leur patrie, ils expliquèrent à ces noirs les nombreuses difficultés qui s'opposaient à leurs désirs. Ceux-ci, voyant en effet l'impossibilité de suivre des personnes exposées à périr elles-mêmes de misère et de faim, témoignèrent l'intention de se rendre aux îles Séchelles, auprès de leurs premiers maîtres. Les déportés les recommandèrent, avec le plus vif intérêt, au capitaine Marchand, qui voulut bien s'engager à les conduire à l'île Bourbon, et à les faire passer delà aux îles Séchelles.

Ce capitaine, qui, depuis son arrivée à Mozambique, s'était continuellement occupé de Lefranc et de Saunois, parvint à les placer sur un navire des Etats-Unis, qui allait mettre à la voile pour Saint-

Thomas, petite île de l'Amérique septentrionale; mais le capitaine anglo-américain exigea qu'ils travaillassent sur le pont, comme de simples matelots. C'était une tâche bien pénible pour des hommes qui n'avaient jamais fait ce rude métier. Les déportés acceptèrent les conditions fâcheuses qui leur étaient imposées, dans l'espoir que, s'ils avaient encore à souffrir, ce serait du moins pour mettre bientôt un terme à leurs longues infortunes. Le capitaine Marchand leur fit présent d'une dame-jeanne d'arack, de deux cents biscuits et de dix piastres. Un autre capitaine français, qui se trouvait à Mozambique, et qui leur avait témoigné quelque intérêt, leur fit apporter un quartaut de bonne viande salée. Le lendemain, le navire américain leva l'ancre et s'éloigna de Mozambique.

La joie que ressentaient les proscrits, de quitter l'Afrique, qui leur avait été si funeste, fut bientôt modérée par les cruels traitemens qu'on leur faisait endurer. Ils étaient toujours destinés aux plus pénibles travaux ; et quand la fatigue avait épuisé leurs forces, des officiers mariniers, grossiers et inhumains, les frappaient pour les empêcher de prendre quelque repos. Aux environs du cap de Bonne-Espérance, le navire essuya une horrible tempête, durant laquelle on les obligea de manœuvrer. Les éclairs se croisaient en tous sens, et chaque éclat de lumière était suivi des coups redoublés de la foudre ; une grêle prodigieuse tombait avec impétuosité, et les vagues, dans leurs chocs, ne cessaient d'inonder le navire. Le capitaine anglo-américain avait l'intention de relâcher au cap de Bonne-Espérance, mais ce gros temps ne le lui permit point. Lorsque le calme eut succédé à cet affreux orage, les déportés, qui n'avaient que les habits qu'ils portaient sur eux, furent réduits à garder leurs vêtemens mouillés. Une indisposition subite les mit hors d'état de continuer leur pénible service, et on eut la cruauté de leur refuser des alimens : on prétendait que, puisqu'ils ne travaillaient pas, ils pouvaient se passer de nourriture. Ils seraient morts d'inanition si un nègre indien, cuisinier du bord, ne leur eût apporté furtivement chaque jour de quoi les soustraire aux horreurs de la faim. Il y avait, à bord de ce navire, un capitaine espagnol, qui prêtait son nom au capitaine américain; cet homme fut touché de la position malheureuse des déportés : il fit de si vives remontrances aux chefs de l'équipage, qu'ils agirent dans la suite avec moins d'inhumanité envers Saunois et Lefranc.

Le capitaine, qui n'avait pu relâcher au cap de Bonne-Espérance à cause du mauvais temps, se décida à mouiller l'ancre à l'île Sainte-Hélène, pour y renouveler sa provision d'eau. Il n'y fit qu'un très-court séjour, parce qu'il voulait s'arrêter aussi à l'île de l'Ascension, pour y prendre des tortues de mer, dont la chair est tout à la fois une excellente nourriture et un des remèdes les plus souverains contre les affections scorbutiques. Cette courte relâche fit néanmoins un bien infini aux déportés, qui en profitèrent pour se remettre un peu de leurs excessives fatigues.

C'est à Sainte-Hélène que réside aujourd'hui, comme prisonnier, cet homme naguère si redoutable, dont l'ambition ne put se borner à l'ancien héritage des rois de France. Cette île, fortifiée par la nature et par l'art, est considérée comme une position imprenable. Elle se trouve dans l'Océan Atlantique, à environ sept cent soixante lieues du cap de Bonne-Espérance et quatre cent quatre-vings de la côte d'Angola. Sa latitude est de quinze degrés cinquante-cinq minutes sud, et sa longitude de huit degrés neuf minutes à l'occident du méridien de Paris. Elle est entourée de rochers escarpés. Le sol est fertile en fruits et en légumes. Les forêts sont remplies d'orangers, de limoniers, de citronniers, de grenadiers et de palmistes. On y voit une grande quantité de daims, de chevreuils, de sangliers, de perdrix et de pigeons. L'air y est salubre, l'eau excellente et la mer excessivement poissonneuse. Cette île, découverte en

1502, par les Portugais, est passée, en 1673, au pouvoir de l'Angleterre.

Le navire américain remit à la voile par un fort beau temps; et, le sixième jour de son départ, il aborda à l'île de l'Ascension, située à deux cent soixante-quinze lieues nord-ouest de Sainte-Hélène, par les sept degrés cinquante-sept minutes de latitude sud et les seize degrés dix-neuf minutes de longitude occidentale. On sait que les navigateurs de toutes les nations, qui abordent à cette île, sont dans l'usage d'y laisser de leurs nouvelles: plusieurs personnes allèrent visiter la grotte qui y sert de bureau de poste et qui est à peu de distance de la plage; elles y trouvèrent renfermées dans une bouteille, deux lettres d'un capitaine bordelais; l'une était à l'adresse d'une maison de commerce de Bordeaux, et l'autre portait la suscription suivante: *A ceux qui viendront après moi dans cette bonne île de l'Ascension.* Ce capitaine faisait connaître qu'après avoir éprouvé toutes les horreurs de la faim, il avait eu le bonheur d'aborder à l'île de l'Ascension et de s'y procurer les vivres qui lui étaient nécessaires pour continuer son pénible voyage. Il terminait en rendant grâces à cette terre bienfaisante d'avoir conservé son existence et celle de toutes les personnes de son bord.

L'île de l'Ascension, qui ne renferme aucune source, est toujours restée déserte. On y voit les traces d'un ancien volcan dont les éruptions ont dû être fréquentes et terribles. Le terrein, aride et brûlé, est en partie couvert de cendres, de laves, de scories et de pierres ponces. Le sommet de la plus haute montagne de cette île est à cent soixante-six toises au-dessus de la surface de la mer.

Les vaisseaux qui relâchent à l'île de l'Ascension en emportent des cabris et des tortues. Les cabris se chassent au fusil, et les tortues se prennent, sur le soir, quand elles viennent déposer leurs œufs dans le sable. On observe le plus grand silence, afin de ne point les épouvanter ; et, lorsqu'elles se sont éloignées du bord de la mer et qu'elles ont été surprises, il suffit de les tourner sur le dos pour s'en rendre maître. Ces tortues sont d'une grosseur prodigieuse ; elles pèsent jusqu'à cinq ou six cents livres. On les conserve long-temps vivantes sur les vaisseaux, en leur jetant trois ou quatre fois par jour de l'eau de mer sur la tête.

Le navire anglo-américain, en quittant l'île de l'Ascension, suivit la route la plus directe pour se rendre à l'île Saint-Thomas ; et, après une navigation des plus heureuses, il mouilla l'ancre à cette île, le 24 mai 1803. C'est l'une des Antilles. Elle est située à l'est de Porto-Rico, et elle appartient aux Danois. Sa circonférence est d'environ une douzaine de lieues.

Il se trouvait à cette île un bâtiment d'Anvers, qui était prêt à faire voile pour le Havre-de-Grâce. Le capitaine de ce bâtiment se chargea des déportés, à condition que Lefranc remplacerait un cuisinier de son bord, qui venait de mourir, et que Saunois continuerait à servir comme matelot. Lefranc, qui avait rempli avec quelque succès les fonctions de médecin, à Zanzibar, se garda bien d'avouer son ignorance en fait de cuisine, d'autant plus qu'il ne devait être chargé que de la nourriture des matelots. On l'affubla le même jour d'un bonnet de coton et d'un large tablier de toile grise ; mais il ne tarda pas à s'apercevoir qu'il ajouterait aux regrets que causait la perte de son prédécesseur. Malgré cet inconvénient, il eut beaucoup à se féliciter, ainsi que son compagnon, des procédés qu'eurent à leur égard les chefs et les hommes de l'équipage.

Le bâtiment mit à la voile dans les premiers jours de juin 1803. Il était parti d'Anvers peu de temps après la signature de la paix de 1802, et il rapportait, en échange de divers articles de nos manufactures, une riche cargaison de denrées coloniales. Il naviguа, par un beau temps, vers les îles Açores. Les proscrits à qui il tardait de quitter, l'un les pénibles fonctions de cuisinier d'un bord, l'autre le métier plus pénible encore de matelot, voyaient s'avancer, avec une joie bien vive, le jour tant desiré où ils devaient rentrer dans leur patrie ; mais la fortune leur préparait encore de funestes revers. Lorsqu'ils se trouvèrent près des côtes d'Angleterre, un navire américain annonça au capitaine français la rupture du traité d'Amiens et le renouvellement de la guerre entre la France et la Grande-Bretagne (1). Le plus sage parti, dans une telle circonstance, était de forcer de voiles pour entrer promptement soit dans le port de Cherbourg, soit dans celui du Havre ; c'est aussi ce que voulut faire le capitaine ; mais à peine ses intentions furent-elles connues, qu'on découvrit un lougre anglais, qui donna la chasse au bâtiment français, et s'en empara dans la même journée, 8 juillet 1803. Le 12 du même mois, la frégate anglaise *la Némésis* rencontra ce lougre, et prit sur son bord les deux déportés et quelques matelots du bâtiment d'Anvers.

Le Némésis resta près de trois mois en

(1) La rupture du traité d'Amiens et le renouvellement des hostilités, datent des 16 et 22 mai 1803.

croisière, et entra, le 7 octobre 1803, à Portsmouth.

Les déportés furent mis à bord d'un ponton infect et traités comme des prisonniers de guerre. Les Anglais leur témoignaient le dernier mépris, parce que, semblables à ces malheureux qui tendent la main à tous les passans, ils portaient la livrée de la plus extrême indigence. Ils écrivirent plusieurs fois aux autorités de l'Angleterre, pour demander ou leur liberté ou la faveur d'être compris dans les premiers échanges de prisonniers ; mais leurs réclamations restèrent toujours sans réponse comme sans résultat.

On conduisit à bord du même ponton, de nouveaux prisonniers, parmi lesquels se trouvait un jeune sous-inspecteur aux revues, nommé de Saint-Brice, qui venait de la Martinique. Lorsque ce jeune homme eut appris que Lefranc et Saunois avaient été proscrits, à l'occasion de la machine infernale, il s'empressa de leur adresser quelques questions, et les pria même de lui faire le récit de leurs voyages. Il n'avait, en cela, d'autre but que de satisfaire sa curiosité. Les malheurs des proscrits touchèrent vivement la sensibilité de son âme, et il voulut partager sa bourse avec eux. Ceux-ci crurent devoir refuser une offre si généreuse ; mais M. de Saint-Brice les força de recevoir quelques louis, à titre de prêt. Les proscrits se firent apporter des vêtemens ; dès cet instant, il s'opéra un grand changement parmi les personnes qui les approchaient : on cessa de prendre vis-à-vis d'eux ces airs d'arrogance et de mépris, qui doublent l'infortune, et qui semblent mettre l'homme au-dessous des animaux les plus abjects.

Les déportés restèrent à bord du ponton jusqu'au 31 octobre 1803, époque où il se fit un échange de prisonniers. On les conduisit à bord d'un parlementaire ; et, le 8 novembre suivant, ils débarquèrent au port de Morlaix.

Ils désiraient se rendre sur-le-champ à Paris ; mais comme ils n'avaient aucune ressource, ils ne pouvaient guère entreprendre ce voyage. Un déporté des colonies françaises, qui avait fait une croisière sur un vaisseau armé en course, et qui était revenu avec eux de Portsmouth, leur apprit qu'une ancienne limonadière de Paris, nommée Payen, s'était, depuis quelque temps, établie dans la ville de Brest ; il se trouva que madame Payen redevait une centaine d'écus à Lefranc, pour des ouvrages d'architecture dont elle lui avait autrefois donné l'entreprise ; dans l'espoir de recouvrer cette petite somme, les proscrits se rendirent à Brest ; mais là on leur dit que la personne qu'ils cherchaient n'avait point réussi dans son nouvel établissement, et qu'elle était partie pour Toulon.

Cette fâcheuse nouvelle les affecta beaucoup ; ils n'avaient aucune connaissance dans la ville de Brest, et ils se trouvaient déjà dans toutes les anxiétés d'esprit qu'occasionne l'approche d'une extrême détresse. Ils se logèrent dans une petite auberge, où l'on ne parut pas disposé à leur accorder le moindre crédit. Leur état de dénûment n'était guère propre, d'ailleurs, à inspirer de la confiance ; ils n'avaient ni malles, ni valises, objets si nécessaires pour tranquilliser l'esprit d'un hôte méfiant et intéressé ; ils portaient sur eux toute leur garde-robe ; et, quand ils sortaient, il ne restait par conséquent, dans leur chambre, aucun vêtement qui pût répondre de la plus modique dépense.

Au milieu de toutes ces perplexités, ils écrivirent à M. le préfet maritime Cafarelli, pour exciter sa compassion et lui demander un secours. Ils lui exposèrent avec franchise leur déplorable situation, et lui firent connaître les peines et les souffrances qu'ils avaient éprouvées depuis leur arrivée aux îles Séchelles, jusqu'à leur retour en France. Le préfet ne voulut rien prendre sur lui, à l'égard de ces déportés ; il instruisit le ministre de la police de leur retour ; et, en attendant les instructions qu'il demandait, il leur conseilla de s'adresser au commissaire-général de police ; mais ils n'eurent garde de suivre ce conseil, car, dans la position où ils se trouvaient, le seul mot de police suffisait pour leur faire perdre toute sécurité.

Ils en étaient à leur dernière ressource, lorsqu'un jour, pressés par la faim, ayant examiné le fond de leur bourse, et voyant qu'il ne leur restait que fort peu d'argent, pour déjeûner avec encore plus d'économie que dans leur petite auberge, ils se rendirent dans un de ces modestes réduits, où les mots suivans, écrits sur la porte, rassurent l'honnête et craintive indigence: *Ici, on donne à manger à tous prix.* Il y avait dans cet endroit plusieurs sous-officiers canonniers de la marine, qui étaient déjà en train de déjeûner. Quelques paroles échappées aux proscrits, le frugal repas qu'ils se disposaient à prendre, et surtout leur costume anglais, firent penser à ces militaires qu'ils se trouvaient auprès de deux hommes revenus tout nouvellement des prisons d'Angleterre. Ils leur adressèrent plusieurs questions; et, comme les malheureux sont toujours disposés à se plaindre, les proscrits parlèrent de leurs infortunes, mais sans en indiquer la cause : tandis qu'ils déploraient leur triste sort, un sergent, nommé Noël, leur proposa de venir demeurer au quartier de la marine jusqu'à ce qu'ils eussent reçu de l'argent pour entreprendre le voyage de Paris. Les proscrits, qui n'avaient plus aucun moyen d'existence, et qui connaissaient l'avidité et la méfiance de leur hôte, s'empressèrent d'accepter l'offre de Noël. Les sous-officiers les firent placer aussitôt à leur table, et les conduisirent ensuite au quartier de la marine.

Pendant sa détention en Angleterre, Lefranc, pour mieux conserver la mémoire de tous les faits relatifs à sa déportation, s'était décidé à écrire le journal de ses voyages ; mais, comme il y avait inséré des diatribes virulentes contre le gouvernement consulaire, et que sa position l'exposait à être arrêté d'un moment à l'autre par la police soupçonneuse de Bonaparte, il craignait que cet écrit ne devint, pour lui, la cause de quelque cruelle catastrophe ; il confia ses craintes au sergent Noël, dont les sentimens ne lui paraissaient point suspects : Noël lui demanda son journal ; et lui promit de le cacher dans un endroit inaccessible aux perquisitions de la police. Lefranc lui remit son manuscrit, et il eut beaucoup à se féliciter de la confiance qu'il venait d'accorder à ce militaire.

M. de Saint-Brice, qui était aussi rentré en France, se rendit à Brest, dans l'espoir d'y terminer quelques affaires d'intérêt. Les proscrits le virent, lui parlèrent de leurs nouveaux embarras, et lui apprirent que, contraints par la nécessité, ils venaient d'accepter un asile qui leur était offert au quartier de la marine. Ce bienfaisant jeune homme eut encore la générosité de leur offrir sa bourse ; il leur prêta deux autres louis, et procura ensuite de l'occupation à Lefranc, en le plaçant chez un entrepreneur de bâtimens, nommé Jardy.

Saunois, ayant moins de facilités pour se créer des ressources que son compagnon, qui était tout à la fois architecte, mécanicien, peintre et dessinateur, lui témoigna l'intention de se rendre à pied dans la capitale. Ce ne fut qu'avec un sentiment bien pénible que ces deux hommes se résolurent à se séparer l'un de l'autre ; eux qui depuis si long-temps partageaient les mêmes peines, les mêmes douleurs, aussi bien que les mêmes espérances, lorsque le ciel leur en accordait quelques faibles lueurs ; mais ils sentaient combien il leur importait que l'un d'eux se rendît à Paris, afin de recouvrer quelques créances qu'ils y avaient laissées au moment de leur départ, et de pouvoir ensuite se réunir et se mettre à couvert des coups de la fortune. Saunois prit trente-six francs sur les quarante-huit qu'ils devaient à la bienfaisance de M. de Saint-Brice, et, le lendemain matin, ils se séparèrent, après s'être dit les adieux les plus tendres et les plus touchans.

Lefranc se livrait à ses nouvelles occupations, chez le sieur Jardy ; il y faisait des plans et des dessins ; ce genre de travail, qui lui convenait sous tous les rapports, lui assurait pour quelque temps des moyens d'existence : mais le même individu qui lui avait donné quelques renseignemens sur la limonadière, vint à Brest, avec le projet de se faire valoir auprès de la police par une délation. Il déclara, au préfet maritime, que Lefranc et Sannois, déportés à l'occasion de la machine infernale, étaient rentrés en France sans l'aveu du gouvernement ; que ces hommes, doublement dangereux, se trouvaient à la solde de l'Angleterre, et que Lefranc était porteur d'un écrit qui attestait ses coupables intentions.

Le premier point de cette délation était conforme à la vérité, et Lefranc n'en avait point fait un mystère en écrivant au préfet, pour lui demander un secours ; le second était un insigne mensonge et une noire calomnie. Quant au troisième fait, il était fort inexact ; car, si Lefranc avait manifesté sa haine pour le gouvernement consulaire, il n'avait du moins annoncé aucun projet, aucune vue qui pût donner des inquiétudes.

D'après cette dénonciation dont nos malheureuses époques nous ont fourni tant d'exemples, le préfet ne crut pas devoir attendre les instructions qu'il avait demandées au ministre de la police; il ordonna sur-le-champ l'arrestation de Lefranc, qui, le 21 novembre 1803, fut jeté dans un cachot du château-fort de Brest. On saisit tous ses papiers, mais on n'y trouva point l'écrit signalé par le délateur; toutes les démarches et les perquisitions de la police échouèrent devant l'inaltérable sang-froid de Noël, et on finit par croire que cette prétendue preuve de conviction était devenue la proie des flammes.

Saunois, comme nous l'avons dit, s'était déjà mis en marche; mais on verra qu'il ne fut pas plus heureux que son compagnon.

Le cachot où l'on avait enfermé Lefranc était fort étroit et excessivement humide; le vent, la pluie et la neige y pénétraient à travers des barreaux de fer placés à une petite ouverture qui donnait sur la cour du château. Durant sa détention, Lefranc écrivit plusieurs lettres, tant au premier consul, qui était alors à Boulogne, qu'au grand-juge, ministre de la justice. Mais ce ne fut que, le 5 janvier 1804, après avoir passé quarante-cinq jours au château-fort, qu'il recouvra la liberté. Le préfet maritime lui donna, conformément aux instructions qu'il venait de recevoir du ministre de la police, l'ordre de se rendre sur-le-champ à Lunel, département de l'Hérault, pour y demeurer sous la surveillance des autorités constituées. On lui compta, pour ses frais de route, la modique somme de cent francs, et on le prévint qu'il lui serait payé dans sa nouvelle résidence un secours alimentaire de quarante francs par mois.

Lefranc alla remercier l'homme compatissant qui lui avait donné l'hospitalité, et qui avait soustrait son journal aux recherches de la police ; il reprit cet écrit, et il s'éloigna aussitôt de la ville de Brest.

Son intention était d'abord de se conformer aux ordres qu'il avait reçus, c'est-à-dire, de se rendre en droite ligne à Lunel ; mais il ne tarda point à réfléchir qu'il lui convenait beaucoup mieux de prendre une autre direction. Le séjour de Lunel ne paraissait pas lui offrir de grandes ressources pour ses talens, et il considérait comme une trop faible compensation le secours de quarante francs par mois qui lui était promis. Il ignorait d'ailleurs ce qu'était devenu Saunois, et il craignait de ne plus pouvoir le rejoindre si une fois il se trouvait placé sous une surveillance quelconque. Il prit donc la résolution de ne point aller à Lunel et de se diriger sur Bordeaux, où il espérait se dérober aux recherches de la police, et trouver de l'occupation, à l'aide d'un nommé L***, qui, depuis plusieurs années, habitait cette ville, et qui lui avait autrefois témoigné beaucoup d'amitié dans la capitale.

Il fit le voyage de Brest à Bordeaux, avec toute l'économie qu'exigeait la petite somme qu'on lui avait remise, et en profitant de toutes les occasions favorables qui pouvaient s'offrir sur sa route.

Il se présenta chez L***, qui lui fit les plus grandes protestations d'amitié, et lui offrit un logement et sa table. Il crut trouver, dans cet homme, un protecteur et un ami ; il accepta les offres qui lui étaient faites, et il s'abandonna sans réserve à tous les sentimens de reconnaissance que lui inspiraient de si louables procédés. Il apprit à ce nouveau bienfaiteur tout ce qui lui était arrivé depuis qu'ils avaient cessé de se voir, et il ne lui cacha même point que son séjour à Bordeaux était une infraction aux ordres du ministre de la police.

L***, que Lefranc n'avait jamais bien connu, et qui, durant les temps désastreux de la révolution, s'était fait une habitude des dénonciations secrètes, parut sensible aux infortunes de l'homme qu'il venait d'accueillir avec tant d'empressement ; mais il pensa dès-lors qu'il aurait un sûr moyen de s'en débarrasser aussitôt qu'il le jugerait convenable (1).

Lefranc désirait vivement trouver de l'occupation, afin de ne pas mettre trop long-temps à l'épreuve la bienfaisance de L***; mais celui-ci, pour qui la confiance et l'amitié n'avaient rien de sacré, et qui soumettait tout aux calculs de l'intérêt, forma, au bout de quelques jours, le vil projet de se défaire de son hôte, tout en paraissant lui être sincèrement dévoué; il eut enfin la lâcheté d'aller déclarer au commissaire-général de police que Lefranc, revenu de la déportation à laquelle il avait été condamné, à l'occasion de la machine infernale, avait reçu l'ordre de se rendre à Lunel, pour y demeurer sous la surveillance des autorités locales, et qu'au lieu d'obéir à cet ordre, il était venu à Bordeaux, avec l'intention de s'y soustraire aux recherches de la police.

(1) On voit déjà que L*** est une de ces fatales connaissances dont nous avons eu occasion de parler, et auxquelles Lefranc peut attribuer tous les malheurs de sa vie.

Pour ne pas être témoin de l'arrestation de Lefranc, L*** ne reparut point chez lui de la journée ; et, une heure après la dénonciation de cet hôte perfide, Lefranc fut arrêté et conduit en prison. Ignorant qu'il fût la victime de la bassesse et de l'hypocrisie, il comptait sur les démarches de L*** ; mais, comme ce dernier ne se présenta point pour le voir, il en fut vivement affecté. Son journal, qu'il avait déposé dans un meuble de sa chambre, lui fit faire de pénibles réflexions ; il craignait que ce fatal ouvrage n'eût compromis la tranquillité de celui qu'il croyait son bienfaiteur. Le troisième jour de son arrestation, ne recevant encore aucune nouvelle de L***, il ne douta point que son ami ne fût, comme lui-même, condamné à gémir dans un affreux cachot, et il se livrait au plus violent désespoir, lorsque deux gendarmes vinrent le prendre pour le conduire devant le commissaire-général de police, qui voulait l'interroger.

A peine arrivé chez ce magistrat, son

premier soin fut de s'informer du sort de L*** ; et, lorsqu'il apprit que cet individu jouissait d'une entière liberté, il en éprouva un sentiment mêlé de plaisir et de douleur : « Mon ami, disait-il en lui-même, n'est point malheureux : il m'a donc abandonné ! » Mais il était encore loin de le soupçonner coupable d'une perfidie.

Il subit, avec modération et décence, l'interrogatoire du commissaire-général de police ; il lui dit la vérité toute entière, et lui offrit, pour caution, le même homme qui l'avait si lâchement trahi, en violant tous les droits de l'hospitalité. Le commissaire-général, malgré la gravité de ses fonctions, ne put s'empêcher de sourire à l'erreur de Lefranc. Ce dernier lui dit, avec un ton de dignité : « Je suis bien malheureux, monsieur ! mais supposez-vous que je le sois au point de ne pouvoir compter sur un ami ? — Méfiez-vous des amis de cette sorte, » répondit le commissaire-général de police.

A ces mots, les yeux de Lefranc se

dessillèrent, et une affreuse clarté frappa ses regards. Les aveux qu'il avait faits à L*** ; l'absence de cet homme, le jour même de son arrestation ; l'abandon dans lequel il l'avait laissé, tandis qu'il gémissait au fond d'un noir cachot : tout cela lui revint à l'esprit, et il ne douta plus de la vérité. Cependant, pour avoir plus droit de mépriser son lâche délateur, il désira que le commissaire-général s'expliquât plus clairement encore, et il lui dit, avec une voix altérée par l'étonnement et la douleur : « L'homme qui, sans nuire à autrui, cherche les moyens d'adoucir la rigueur de son sort, est excusable aux yeux d'un juge impartial : vous pouvez donc, monsieur, me remettre en liberté ; je ne vous offre plus de caution, mais je m'engage, sur mon honneur et ma vie, à partir dans les vingt-quatre heures pour me rendre à Lunel. J'avais accordé ma confiance à un homme que je devais considérer comme mon ami, puisqu'en m'offrant un asile, il avait paru m'accueillir avec toute la tendresse de l'amitié :

s'il n'a point cessé de mériter cette confiance, il serait affreux de la lui retirer ; mais si, au contraire, en se servant envers moi du langage le plus amical, il m'a joué, trompé, trahi, ne serait-il pas plus affreux encore que je fusse exposé à lui conserver des sentimens d'amitié et de reconnaissance, dont il se serait rendu indigne ? Je vous supplie donc, monsieur, au nom de la justice et de l'humanité, de détruire ou de confirmer mes pénibles soupçons. Si L*** est coupable, je vous promets, et j'y engage encore mon honneur et ma vie, que je partirai sans lui laisser apercevoir que j'ai pénétré son horrible secret. »

Le commissaire-général de police ne balança point à lui avouer que c'était L*** qui l'avait instruit de tout ce qui le concernait. Cet estimable magistrat le remit en liberté ; lui recommanda de hâter son départ, et lui donna l'argent qui lui était nécessaire pour se rendre à sa destination.

Lefranc, en quittant le commissaire-général de police, alla chez L***, pour reprendre son journal et quelques objets qu'il y avait laissés. L***, qui possédait si bien l'art de la dissimulation, le reçut avec beaucoup d'empressement, et lui dit qu'il était charmé de le savoir hors d'embarras. Lefranc, qui voulait éviter toute espèce d'explication, se contenta de lui répondre qu'il avait pris, auprès du commissaire-général de police, l'engagement de partir dans les vingt-quatre heures ; qu'il allait s'occuper de ses préparatifs de voyage, et qu'il reviendrait aussitôt après, pour lui faire ses adieux. Par cette prudente défaite, il ne s'exposa ni à trahir le secret qui lui avait été confié, ni à recevoir non plus les perfides adieux de ce traître.

Lefranc partit le lendemain matin, et, le 10 février 1804, il arriva à Lunel.

A peine se trouvait-il dans cette ville, qu'il apprit que Saunois y était aussi arrivé; il s'empressa d'aller embrasser son compagnon d'infortune, qui lui raconta qu'il avait été mis en arrestation à son passage à Angers ; qu'après avoir passé quarante jours dans un cachot, il avait reçu également l'ordre de se rendre à Lunel, pour y demeurer sous la surveillance des autorités locales ; qu'il y était arrivé depuis une quinzaine de jours, et que le préfet de l'Hérault avait déjà envoyé, au maire de la ville, une somme de quarante francs, pour son premier mois de secours (1).

C'est ainsi que ces deux hommes, après avoir enduré mille maux, au-delà des mers ; après avoir échappé, comme par miracle, à une mort qui semblait être sans cesse à leur poursuite ; après avoir éprouvé les désolantes humiliations qui accompagnent partout l'infortune, et supporté toutes les privations de la plus extrême indigence, retrouvèrent, sous le beau ciel

---

(1) La lettre du préfet de l'Hérault, qui les mettait sous la surveillance des autorités locales de Lunel, et annonçait leur prochaine arrivée, est du 14 nivose an XII (5 janvier 1804). C'est le 9 pluviôse suivant (30 janvier 1804) que ce préfet envoya une somme de quarante francs, pour le premier mois de subsistance de Saunois.

du Languedoc, dans un pays fertile, et chez des habitans hospitaliers et industrieux, ce charme de la vie, cette douce tranquillité qu'ils souhaitaient avec tant d'ardeur, et qui devrait être l'objet de nos vœux les plus constans sur la terre.

Lefranc resta à Lunel jusqu'en 1812, époque où il obtint la levée de sa surveillance. On sait comment il a été condamné à une nouvelle déportation, dans l'affaire des *Patriotes de* 1816 (1).

Saunois demeura dans la même ville jusqu'en 1815 ; il ne la quitta qu'après avoir perdu une place qu'il occupait dans l'octroi.

_____
(1) Il est parti de la Conciergerie le 17 novembre 1817, avec les individus condamnés à la même peine, tant dans l'affaire des *Patriotes de* 1816, que dans celle du *Nain tricolore*, pour être transférés au Mont-Saint-Michel, situé à trois lieues d'Avranches et huit et demie de Saint-Malo. On ignore encore quelle est la destination qui lui sera définitivement assignée. Quand on pense à tout ce qu'il a souffert, pendant sa première déportation, on peut bien dire avec Horace :

O navis, referent in mare te novi
Fluctus! . . . .

On se souvient que lorsque Lefranc et Saunois demandèrent à l'interprète Bonamady des nouvelles des cinq déportés qui les avaient précédés à Zanzibar, cet Arabe leur apprit que Vanheck, Corchant et Laporte étaient morts dans cette île, et que Vauversin et Gosset s'étaient embarqués sur une chelingue qui mettait à la voile pour Mascate. En rapportant ce fait, nous ne sommes entrés dans aucun détail, pour ne point interrompre le récit de ce qui concernait Lefranc et Saunois. Maintenant nous allons faire connaître les dernières infortunes de ces cinq déportés.

Dans la crainte de finir leurs jours à Comore, où trois de leurs compagnons venaient de mourir, ils s'étaient décidés à se rendre à Zanzibar, et ils avaient frété, pour leur voyage, une petite chelingue, commandée par un capitaine arabe, nommé Banamkou. Ces déportés, moins malheureux sous ce rapport que Lefranc et Saunois, avaient conservé tous leurs effets; il leur restait de l'argent, des montres, diverses sortes de bijoux et pour environ dix mille francs de diamants.

Ils quittèrent l'île Comore le 2 juin 1802, sur les sept heures du soir. Trois jours après leur départ, la chelingue mouilla l'ancre à l'île Quiloa, située près de la côte d'Afrique, à soixante-dix lieues au sud de Zanzibar. Le lendemain, ayant remis à la voile, elle parvint, en côtoyant, jusqu'à la hauteur de Penbannemazi, terre ferme d'Afrique, où elle essuya un furieux coup de vent, qui déchira sa voile; elle se brisa en heurtant contre une chaîne de rochers. Ce bâtiment se trouvait à une demi-lieue de la côte; l'eau y pénétrait de toutes parts. Le capitaine Banamkou, Corchant et Gosset se jetèrent aussitôt à la nage, et parvinrent à la côte, après avoir long-temps lutté contre les flots. Vanheck, Vauversin et Laporte, qui n'étaient pas d'aussi habiles nageurs, offrirent cinquante piastres aux matelots, pour les aider à se sauver. Ces derniers, séduits par cette offre, les conduisirent, avec des efforts incroyables, jusque sur le rivage, où ils reçurent le prix de ce signalé service.

Les déportés se trouvaient dans la plus affreuse position ; ils étaient à Penbannemazi, sur la côte d'Afrique, sans vêtemens, sans vivres ; ils avaient à craindre et la cruauté des sauvages et les attaques des bêtes féroces, qui sont si communes dans ces contrées. Lorsque la nuit eut succédé au jour, ces malheureux, exténués de fatigues, et ne pouvant vaincre un sommeil accablant, se couchèrent, ainsi que le capitaine et les matelots, au bord d'un bois fort épais, qui se trouvait à peu de distance de la mer.

Vers minuit, ils furent réveillés par dix nègres, armés de sagayes et de flèches. La frayeur s'empara de leurs âmes ; mais les matelots, qui entendaient la langue du pays, et qui eurent un court entretien avec ces nègres, rassurèrent les déportés, en leur expliquant qu'un Arabe, nommé Abdala ben Guyomé, gouverneur de l'île Quiloa, et chef de Boza, établissement situé à trois lieues de Penbannemazi, ayant été prévenu de leur naufrage, avait chargé ces dix nègres de les venir trouver, et de les conduire auprès de lui. Les déportés déclarèrent que leur intention n'était pas de se mettre en marche pendant l'obscurité de la nuit; les nègres n'insistèrent pas; ils allumèrent un grand feu, et ils parurent attendre patiemment le retour de la lumière.

A l'aube du jour, on vit arriver un Arabe, armé d'un fusil, et plusieurs autres noirs, portant, comme les premiers, des sagayes, des arcs et des flèches. Ils étaient aussi envoyés par Abdala ben Guyómé, à qui il tardait de parler aux Européens. Vauversin et Corchant partirent aussitôt, et laissèrent leurs trois compagnons, qui pouvaient à peine se soutenir, avec les hommes de l'équipage et une partie des noirs qui étaient arrivés les premiers.

Après une marche de deux heures, le chef de l'escorte les conduisit dans un bois; il les fit asseoir, et leur offrit des épis de maïs, qu'il tira d'une espèce de gibecière. Dès que ce frugal repas fut achevé, cet Arabe s'avança vers la lisière du bois, et lâcha, en l'air, un coup de carabine. Vauversin et Corchant, qui n'étaient pas très-rassurés, cherchèrent à savoir quel pouvait être ce signal; mais, dans quelques instans, ils virent s'avancer une petite pirogue, conduite par deux nègres. Ils s'embarquèrent, ainsi que l'Arabe, qui laissa sa troupe dans le bois.

Ils traversèrent une baie, et descendirent sur une plage, où ils n'aperçurent que deux cases d'une forme singulière. L'Arabe les fit entrer dans une de ces cases, et on leur apporta un plat de riz et une poularde cuite sur la braise. Ils purent, cette fois, calmer la faim dévorante dont ils étaient tourmentés. Ils se rembarquèrent ensuite sur la même pirogue, et arrivèrent enfin à Boza.

Abdala ben Guyomé, qui prononçait, avec beaucoup de difficulté, quelques mots de français, leur dit qu'ils pouvaient être sans craintes; qu'il avait donné l'ordre de ne leur faire aucun mal, et qu'à la basse marée, il enverrait un nombre suffisant de soldats, pour sauver leurs effets.

Cet Arabe avait, à Boza, tant pour sa sûreté personnelle, que pour protéger la traite et le commerce qu'il faisait avec les sauvages, plus de quatre cents nègres armés. Cette troupe était commandée par des officiers arabes. Lorsqu'il fit partir les soldats qui devaient retirer de la chelingue les effets des proscrits, Vauversin et Corchant profitèrent de l'occasion pour écrire à leurs trois compagnons, qui étaient restés à Penbannemazi, sur le bord de la mer. Le jour suivant, Vauversin, désirant savoir ce qu'ils étaient devenus, ainsi que les effets, pria Abdala de le faire conduire auprès d'eux. Cet Arabe lui donna une garde nombreuse, et il rencontra ses compagnons dans les deux cases où il s'était arrêté la veille. Ces malheureux étaient dans les plus affreuses inquiétudes. Les effets avaient été retirés de l'eau et apportés dans cet endroit; mais on leur avait volé ce qu'ils avaient de plus précieux, et particulièrement l'argent, les montres, une assez grande quantité de bijoux et les diamants. Ils se rendirent tous à Boza, auprès d'Abdala ben Guyomé.

Ils le remercièrent du service qu'ils en avaient reçu; mais ils se plaignirent, en même temps, du vol qu'on leur avait fait. Le gouverneur leur dit qu'il tâcherait de découvrir les coupables, et que, s'il y parvenait, ils seraient sévèrement punis. Les déportés lui témoignèrent le désir de se rendre promptement à Zanzibar, et le prièrent de leur fournir des moyens de transport. Il leur répondit qu'il allait partir lui-même, avec sa suite, pour la grande Cafrerie, et qu'il ne pourrait leur fournir une chelingue que lorsque toutes ses troupes seraient arrivées à leur destination.

Abdala partit en effet le lendemain, avec une petite flotte, composée de bâtimens arabes, et il laissa les déportés auprès d'un de ses capitaines, nommé Bennaser, qui ne devait mettre à la voile que le jour suivant. Ce Bennaser était le même homme qui avait conduit

Vauversin et Corchant de Penbannemazi à Boza.

Les sauvages, instruits du départ d'Abdala et de sa nombreuse suite, vinrent en foule visiter le capitaine Bennaser. Les déportés n'échappèrent point à leurs regards ; ils commencèrent par les examiner avec beaucoup d'attention et d'étonnement, et finirent par témoigner, à leur égard, les plus mauvaises intentions. Heureusement que Bennaser, qui voyait croître le péril, fit assembler les chefs des sauvages, et leur offrit des présens, au nom des cinq Européens. Ces derniers furent aussitôt considérés comme des amis, et traités avec beaucoup de douceur et d'égards.

Le jour suivant, les déportés s'embarquèrent sur la chelingue de Bennaser, et firent voile pour aller rejoindre le gouverneur Abdala ben Guyomé. Ils abordèrent, sur le soir, à une petite île, nommée Kaley, où la flotte avait mouillé l'ancre.

Abdala leur dit qu'il avait découvert les

auteurs du vol de leurs effets ; que les objets n'avaient point été retrouvés ; mais que la punition des coupables allait avoir lieu en leur présence. Il donna l'ordre de les amener, et les déportés virent paraître, avec une extrême surprise, le capitaine Banamkou et les matelots de la chelingue naufragée. Abdala, sans autre forme de procès, voulait leur faire trancher la tête. Ces malheureux se jetèrent aux pieds de ceux qu'ils avaient dépouillés, et les supplièrent d'implorer leur grâce. Ce ne fut qu'avec beaucoup de peine que les déportés parvinrent à leur sauver la vie. Peu rassurés, à ce qu'il paraît, sur la clémence d'Abdala, le capitaine Banamkou et ses matelots se sauvèrent, pendant la nuit, sur une chelingue qui partit secrètement pour Zanzibar.

La petite flotte arabe ne fit qu'une très-courte relâche à Kaley ; elle remit à la voile, et, le même jour, elle mouilla l'ancre à Magassy, lieu de sa destination.

Abdala fit débarquer sa troupe, et, le second jour de son arrivée, il prévint les déportés qu'il allait se rendre, avec la majeure partie de son monde, dans le pays de Kéfoumagao, qui est une contrée de la grande Cafrerie. Les déportés, qui craignaient de s'enfoncer dans les terres, au milieu des hordes de sauvages, supplièrent Abdala de remplir la promesse qu'il leur avait faite, et de leur fournir les moyens de se rendre à Zanzibar; mais toutes leurs instances furent inutiles : cet Arabe, qui avait des vues cachées, leur dit qu'il ne pouvait encore disposer d'une chelingue, et que, pour leur propre sûreté, il leur convenait beaucoup mieux de le suivre, que de rester sur la plage, avec ses matelots. Il fallut céder à la loi cruelle de la nécessité. On arriva dans le Kéfoumagao. Abdala fit dresser sa tente au milieu d'un bois, et sa troupe campa tout autour de lui. Les déportés choisirent un grand tamarin pour asile; mais cet arbre, qui les mettait à couvert des rayons du soleil, ne les garantissait pas de la pluie. Souvent elle tombait par torrens, surtout durant les nuits, et, dès qu'ils revoyaient l'azur des cieux, ils étaient obligés de se déshabiller pour faire sécher leurs vêtemens.

Abdala commença son commerce avec les Cafres de Magassy, Moulalany et Kéfoumagao. Ces sauvages lui apportaient tous les jours une grande quantité de morfil, ou dents d'éléphans, de la poudre d'or, et diverses productions de leur sol; et ils recevaient, en échange, de la toile, de la quincaillerie et de la verroterie.

On pense bien que les déportés durent encore exciter la curiosité des sauvages. Ces malheureux étaient dans des transes continuelles. Abdala, pour calmer leurs frayeurs, et empêcher les Cafres de les maltraiter, déclara que ces blancs étaient amis des noirs; qu'il les avait pris sous sa protection, et qu'il considérerait, comme fait à lui-même, tous les mauvais traitemens qu'on pourrait leur faire endurer. Les sauvages, qui redoutaient Abdala, et qui étaient bien aises de continuer leurs échanges, ne donnèrent plus aucun sujet de crainte aux déportés. Peu à peu, ceux-ci se familiarisèrent avec ces noirs, qui leur témoignaient toujours leur étonnement par les cris de *mouzougou! mouzougou!* ce qui signifie voilà des blancs.

Ils étaient aussi visités par des centaines de singes, qui abondent dans ce pays. Ils n'avaient, pour nourriture, que du maïs et une mauvaise eau, qu'on allait chercher à trois lieues de là, et qu'on puisait en faisant un trou dans le sable. Leur santé s'altérait sensiblement. Ils renouvelaient tous les jours leurs instances auprès d'Abdala, pour obtenir de lui des moyens de transport; mais cet Arabe avait toujours quelque prétexte pour retarder l'effet de ses promesses, et prolonger leur séjour dans la Cafrerie. Cependant Vanheck tomba dangereusement malade; il éprouvait les plus cruelles souffrances; et, malgré les soins empressés qu'il recevait de ses compagnons d'infortune, il sentait qu'il allait finir ses jours au milieu des sauvages de l'Afrique. Bonamady s'était trompé, en annonçant à Lefranc et à Saunois que Vanheck était mort dans l'île Zanzibar.

C'est dans le Késoumagao qu'il rendit le dernier soupir. Il avait laissé à Paris un ami intime, qu'il avait institué son légataire universel, et dont il prononçait souvent le nom. Dans ses derniers momens, il dit, avec la plus vive émotion : « Fauveau, mon cher Fauveau ! le Ciel m'a refusé la douceur de te revoir ! » Quoiqu'il mourût dans une extrême misère, il avait en France plus de vingt mille francs de rente.

Les quatre autres déportés, après avoir vécu pendant quarante-neuf jours parmi les Cafres, prièrent Abdala de leur faire connaître définitivement ses intentions à leur égard ; ils lui retracèrent le tableau de tout ce qu'ils avaient eu à souffrir depuis le jour de leur naufrage ; ils lui dirent que ses promesses envers des malheureux étaient sacrées ; qu'il devait les accomplir ; que l'humanité lui en faisait un devoir, et l'honneur une loi. Malheureusement le mot d'honneur était inconnu à cet Arabe, et son cœur avait plus de dureté que le morfil dont il trafiquait. Mais, comme il était vivement pressé par les proscrits, il leva du moins le voile qui couvrait ses coupables desseins. Il leur demanda mille piastres, pour les faire conduire à Zanzibar. Les déportés ne doutèrent plus que le gouverneur Abdala ben Guyomé ne les eût menés dans les forêts de la Cafrerie, que pour profiter de leurs dépouilles, ou pour leur faire payer exorbitamment cher le bonheur de le quitter (1). Ils lui représentèrent qu'ils étaient hors d'état de lui compter mille piastres, puisqu'ils avaient été dépouillés par les gens auxquels il avait voulu faire trancher la tête. Abdala ne goûta point ces raisons. Il leur dit vivement et avec humeur : *Pataques, ou mourrez ici !*

Vauversin, depuis son départ de Comore, avait conservé sur lui une ceinture qui renfermait soixante-sept louis d'or ;

(1) Cet Abdala ben Guyomé, qui eut la barbarie de conduire de malheureux naufragés chez les Cafres, pour les mieux rançonner, n'avait vraisemblablement sévi contre quelques voleurs, qui avaient agi avec moins de façon, que parce qu'il considérait déjà l'argent et les effets des déportés comme lui appartenant.

et, quoique cette somme fût bien moindre que celle qu'exigeait Abdala, il ne pouvait sacrifier entièrement sa dernière ressource à la rapacité de cet Arabe. Il lui fit plusieurs offres, qui furent toutes rejetées. Cependant Abdala était à la veille de quitter le Kéfoumagao, et il menaçait les déportés de les laisser parmi les sauvages, s'ils ne le satisfaisaient point. Il n'y avait point à balancer, il fallait composer avec le gouverneur, ou mourir dans la Cafrerie. On composa. Il fut convenu que les quatre déportés lui compteraient, pour leur passage, cent soixante-dix piastres, et lui donneraient, en outre, une certaine quantité de marchandises, telles que toile, nankin, tabatières, huile de France, aiguilles, fil assorti, etc., etc. Pour achever de peindre Abdala ben Guyomé, il ne voulut recevoir les louis d'or qu'à raison de trois piastres; et, comme il n'y avait point de changeurs de monnaies dans le Kéfoumagao, il fallut lui remettre cinquante-sept louis, pour former la somme convenue.

Les déportés quittèrent la Cafrerie, pour se rendre définitivement à Zanzibar, et ils y débarquèrent, le 31 juillet 1802, après quatre jours de navigation.

Ils allèrent trouver l'interprète Bonamady, qui leur donna des nouvelles du capitaine Banamkou et de ses matelots. Ces misérables, qui, depuis leur fuite de l'île Kaley, espéraient ne plus revoir les proscrits, étaient restés à Zanzibar; ils avaient mis en vente les objets qu'ils leur avaient volés, et Banamkou avait acheté, avec leur propre argent, des esclaves qu'il revendait aux vaisseaux négriers. Vauversin et Corchant, dans l'espoir de recouvrer une partie du vol, se rendirent chez le gouverneur de Zanzibar, pour réclamer son intervention. Ce gouverneur, qui se nommait Mohammed ben Abdala Saksi, prit Vauversin pour un capitaine de navire; il lui fit le meilleur accueil, ainsi qu'à son compagnon. Ceux-ci se gardèrent bien de détruire cette erreur, à laquelle ils devaient une si bonne réception. Le gouverneur leur dit qu'il leur rendrait justice ; et toujours dans l'idée que Vauversin était un capitaine français qui avait perdu son bâtiment, il les fit conduire dans une maison assez agréable, dont il leur donna la jouissance pendant leur séjour dans l'île. Il leur envoya même plusieurs nègres pour les servir.

Banamkou fut arrêté et conduit au fort de Zanzibar. Les déportés étaient alors tous les quatre malades, et hors d'état de faire aucune démarche. Néanmoins, comme leurs faibles ressources diminuaient sensiblement, et qu'il leur importait de recouvrer promptement ce qui leur avait été dérobé, Vauversin ranima ses forces, et alla prier Bonamady de l'aider dans les poursuites qu'il voulait entreprendre. Banamkou fut extrait de sa prison, et mené devant le gouverneur. Un officier arabe, nommé Saïd, qui commandait le fort, lui signifia qu'il eût à restituer sur-le-champ ce qu'il avait volé, sinon qu'il allait lui faire trancher la tête. Banamkou prétendit qu'on l'accusait à tort, et qu'il était innocent. Saïd le fit mettre à genoux, et ordonna à un de ses esclaves de lui couper la tête. Il comptait que Vauversin lui sauverait la vie, comme il l'avait déjà fait à Kaley, avec ses compagnons; mais, s'apercevant qu'on ne se hâtait pas d'implorer sa grâce, il avoua son crime.

Les matelots avaient pris la fuite, le jour même de l'arrestation de Banamkou, et ils n'avaient presque rien laissé à leur chef; de sorte que Vauversin ne put recouvrer, de tout le vol, que trente-cinq montres et une esclave. Le commandant du fort lui remit, à ce sujet, une attestation faite devant le gouverneur et deux autres témoins (1).

―――――――――

(1) M. le baron Silvestre de Sacy, membre de l'académie royale des Inscriptions et Belles-Lettres, professeur à l'école royale et spéciale des Langues orientales vivantes, a traduit cette attestation, ou procès-verbal, sur l'original arabe. Voici sa traduction:

« Nous attestons que le français Vauversin est arrivé au port de Zanzibar, ayant fait naufrage. Il a dénoncé un des gens de l'île, comme ayant usé de violence contre lui. Nous l'avons obligé de lui faire restitution, et il lui a remis trente-cinq montres et une esclave du prix de trois grouches (écus), ce qui s'est fait en la présence du gouverneur Mohammed ben Abdala Saksi, du

La maladie de Corchant devint beaucoup plus grave ; il expira, après avoir cruellement souffert pendant une douzaine de jours. Cette maladie était une fièvre ardente, et une extinction de voix. Laporte et Gosset enduraient de très-vives douleurs, surtout le premier, qui, depuis son arrivée à Zanzibar, n'avait pu sortir une seule fois de son lit. Vauversin, qui éprouvait lui-même de violens maux de tête, était, de tous les trois, le seul qui pût agir. Il ne quittait presque point ses compagnons, et il partageait tous les soins que leur prodiguaient les nègres du gouverneur.

Quelques jours après la mort de Corchant, on signala un navire portant pavillon français. Cette nouvelle, au lieu d'être agréable aux déportés, leur causa au contraire de l'inquiétude ; ils pensaient que c'était un bâtiment de l'Ile-de-France, qui venait faire la traite des noirs à Zan-

———
pauvre Saïd ben Soleïman, et de Bakoub, serviteur de notre maître le Sultan, fils de Liman. Ce qu'a écrit de sa main le commandant Saïd, fils de Mobarek. »

zibar ; et ils craignaient que le capitaine ne leur nuisît, en apprenant au gouverneur qu'il avait accueilli des hommes bannis de leur patrie. Le lendemain, le navire, qui était effectivement de l'Ile-de-France, mouilla l'ancre dans la rade de Zanzibar, et le capitaine, M. Beaugeard, se rendit tout de suite à terre. Vauversin, quoiqu'un peu inquiet sur le résultat de sa visite, n'hésita cependant point à se présenter devant ce capitaine. Il lui raconta ses infortunes, la mort de presque tous ses compagnons, son naufrage, l'accueil qu'il avait reçu du gouverneur de Zanzibar, et l'erreur où cet Arabe était sur son compte. M. Beaugeard lui dit que, loin de chercher à lui nuire, il désirait lui rendre de bons offices, ainsi qu'à ses malheureux compagnons. Ils eurent un assez long entretien ; et, lorsque Vauversin fut sur le point de se retirer, le capitaine lui prit la main, et lui dit avec attendrissement : « Armez-vous de courage et de patience ; vos maux finiront. Si je puis vous être utile, disposez de moi. Un Français ne réclame jamais en vain mon secours et mon appui. » M. Beaugeard avait exprimé les sentimens de son cœur ; car, bien que les déportés ne lui eussent rien demandé, il leur envoya une bonne provision de vin, de rum et de biscuits, ainsi que tous les médicamens qui pouvaient leur être nécessaires.

Vauversin retourna auprès du capitaine, pour lui témoigner sa reconnaissance et celle de ses compagnons ; il le pria d'accepter, pour pied-à-terre, la moitié de la maison dont ils avaient la jouissance. M. Beaugeard, qui obligeait sans se faire prier, accepta sans façon l'offre des déportés.

Laporte ne survécut à Corchant que de dix-neuf jours ; il éprouva la même maladie et les mêmes souffrances. Il ne restait plus, par conséquent, que deux déportés, Vauversin et Gosset, et ce dernier était toujours très-malade. Ils sentaient que le climat de Zanzibar, quoique moins mauvais que celui d'Anjouan et de Comore, leur était trop contraire pour y pouvoir rétablir leur santé, et ils désiraient vivement s'éloigner des régions qui leur avaient été si funestes. Le gouverneur, qui devait expédier plusieurs chelingues pour Mascate, voyant le dépérissement où ils étaient, leur demanda s'ils voulaient passer dans cette ville ; et, sur leur réponse affirmative, il dit à Vauversin qu'il lui donnerait le commandement d'une de ces chelingues. Ce dernier, ne voulant point démentir la bonne opinion que l'on avait de ses prétendues connaissances nautiques, dit qu'il se chargerait, avec plaisir, de la conduite d'un bâtiment. Il eut en effet le commandement d'une chelingue ; mais, quand il fallut mettre à la voile, se souvenant de son naufrage à Penbannemazi, et craignant d'être le premier victime d'une entreprise téméraire, il feignit d'être beaucoup plus malade qu'il ne l'était réellement, et un pilote arabe fut chargé, sous ses ordres, de la conduite du navire. C'est le jour même de son départ, 13 septembre 1802, que *le Petit-Adolphe*, de l'Orient, commandé par le capitaine Reyne, arriva dans la rade de Zanzibar.

Les chelingues mouillèrent à Mascate, le 10 octobre 1802. Le sultan était absent de cette ville, et se trouvait alors à la tête d'une expédition militaire. Vauversin continua son rôle de capitaine de navire ; il se présenta, en cette qualité, devant le gouverneur de Mascate ; et, en lui faisant lire l'attestation du gouverneur de Zanzibar, il lui dit que son intention était de se rendre dans l'Inde, et qu'il venait à Mascate pour y attendre une occasion favorable. Le gouverneur s'empressa de lui faire accueil ; il le logea dans une belle maison, et lui donna des esclaves pour le servir, jusqu'au moment de son départ. Gosset, qui était un homme sans instruction, ne passa plus que pour le domestique de Vauversin.

Le 23 octobre, le sultan fut de retour de son expédition, qui avait eu le plus brillant succès. Instruit de l'arrivée d'un capitaine français, qui avait fait naufrage, il désira le voir, et sur-le-champ il l'envoya querir par un de ses premiers officiers, nommé Jussant. Cet officier était lui-même un Français, qui, depuis plusieurs années, avait embrassé la religion mahométane.

Dans une assez longue conversation, le sultan demanda au soi-disant capitaine de navire s'il ne voudrait point imiter Jussant, et suivre la loi du prophète; il lui promit qu'il trouverait de grands avantages à son service. Vauversin répondit qu'il était pénétré de reconnaissance, mais qu'il tenait à la religion de ses pères, et qu'il ne pouvait d'ailleurs renoncer à son pays, où il avait laissé toute sa famille. Le prince lui dit que, désirant étendre ses relations avec les possessions françaises, il comptait envoyer, en signe d'amitié, plusieurs chevaux arabes au général Magallon, gouverneur des îles de France et de Bourbon, et il lui demanda s'il ne lui conviendrait pas d'aller offrir ce présent, et exprimer ses sentimens pour le général français. Vauversin, qui connaissait l'arrêté pris à l'Ile-de-France, relativement aux déportés des Séchelles, ne crut pas pouvoir se charger d'une semblable mission, tout honorable qu'elle lui parut être, et il s'excusa sur ce qu'une affaire importante l'appelait dans l'Inde. Le prince lui promit alors qu'il le ferait partir prochainement pour Bombay, et pensant bien, d'après le malheur qui lui était arrivé, qu'il ne devait pas avoir beaucoup d'argent, il lui donna deux cents piastres. Vauversin l'ayant prié de légaliser l'attestation qu'il avait reçue à Zanzibar, il y ajouta plusieurs lignes, écrites de sa main, et y apposa son cachet (1).

(1) Voici ce que le sultan de Mascate écrivit au bas de cette attestation :

« Le papier ci-dessus nous a été présenté comme ayant été fait en la présence du fidèle Mohammed ben Abdala Saksi et d'autres personnes capables de tester, et que nous connaissons pour des hommes dignes de foi d'entre les musulmans ; lequel certificat atteste que le français Vauversin a réellement fait naufrage. Dieu connaît parfaitement la vérité. Fait en présence des témoins Fadhl ben Seïd, ben Mohammed Yah Enédi; Seïf ben Handhal, ben Amed Bausaeidi : ce qu'ils attestent. Khalef ben Mohammed, esclave du Sultan, fils de Liman. Le 16 de d'Joumadi second 1217. Scellé à Mascate. » (*Traduit sur l'original arabe, par M. Silvestre de Sacy.*)

Le même jour, le brick anglais *la Pintade* entra dans le port de Mascate. Vauversin se rendit à bord de ce navire, qui, dès le surlendemain, devait remettre à la voile pour Bombay. Désirant profiter d'une occasion si favorable, il sollicita et obtint du capitaine son passage et celui de son prétendu domestique. Après avoir été prendre congé du sultan et du gouverneur, il s'embarqua avec son compagnon d'infortune. *La Pintade* appareilla, et, le 3 novembre, elle mouilla l'ancre à Bombay, établissement anglais dans l'Inde.

Nous étions en paix avec l'Angleterre, et Vauversin ne courait aucun risque à continuer de se donner le titre de capitaine français. Le juge de police examina le procès-verbal dont il était porteur, et, en attendant son départ pour l'Europe, il lui accorda conjointement avec le gouverneur, M. Daukin, un secours de quarante-cinq roupies par mois (1). Quant à Gosset,

---

(1) La roupie est une monnaie d'argent de l'Inde. Quarante-cinq roupies font environ cent douze francs.

Il faut rendre justice aux Anglais sous ce rapport :

comme il était toujours malade, et que son tempérament s'affaiblissait chaque jour davantage, il désira être traité dans un établissement public, et le juge de police le fit recevoir à l'hôpital de Bombay.

Vauversin ne resta que trente-trois jours dans l'Inde. Il fut obligé d'y laisser son malheureux compagnon, dont rien encore n'annonçait le rétablissement, et qui, selon toute apparence, est mort à l'hôpital de Bombay. Il s'embarqua sur *la Nancy*, de Copenhague, capitaine Fram, et fit voile pour le cap de Bonne-Espérance, où il arriva le soixante-cinquième jour de son départ de l'Inde.

Le pavillon anglais flottait encore dans cette place, et les troupes bataves, qui, selon les conditions du traité de paix, en attendaient la remise, se trouvaient campées à une des extrémités de la ville. On

---

dans tous leurs établissemens, ils accordent de fort secours aux personnes qui leur paraissent y avoir droit. Est-ce par amour pour l'humanité ? N'est-ce que par orgueil national ? Il n'importe guère de décider cette question : l'essentiel est que les malheureux soient secourus.

était alors au 3 février 1803. Le 21 du même mois, il arriva un brick anglais qui portait au général Dundas, gouverneur du Cap, et à l'amiral chevalier de Curtis, l'ordre de remettre la place aux troupes bataves. Le 1er mars, les autorités hollandaises y furent installées au bruit du canon. Les habitans firent éclater la plus vive et la plus franche allégresse. Sur le soir, il y eut une illumination générale, ainsi que des danses publiques et particulières, qui se prolongèrent jusqu'au lendemain.

Vauversin alla trouver le général Dundas et le chevalier de Curtis, qui, en considération de son naufrage et de ses malheurs, l'autorisèrent à passer en Europe avec l'escadre anglaise qui était au Cap. Il s'embarqua en conséquence sur le vaisseau amiral *le Diomède*. Le 5 mars, l'escadre appareilla et gagna la haute mer.

Cette escadre était composée de trois vaisseaux de ligne, d'une frégate et de deux bâtimens de transport. Lorsqu'elle parvint à la hauteur de Ténériffe, elle rencontra un bâtiment prussien, qui lui annonça que la paix ne serait pas de longue durée, et que déjà les vaisseaux anglais enlevaient journellement des navires français, *qui étaient de bonne prise*. Peu de temps après, la frégate anglaise *la Minerve*, qui se trouva sur la route de l'escadre, lui apprit définitivement la rupture du traité d'Amiens et le renouvellement des hostilités. Le vaisseau amiral fit sur-le-champ des signaux pour communiquer cette nouvelle aux autres vaisseaux de l'escadre.

Le 27 mai, l'amiral de Curtis prit, dans la Manche, et à la vue de terre, le navire *l'Union*, de Bordeaux, capitaine Larcher. Ce navire venait de l'Ile-de-France, et avait une fort riche cargaison.

Le lendemain, l'escadre mouilla l'ancre devant Portsmouth. Vauversin, qui, depuis la rencontre du bâtiment prussien, était dans de grandes inquiétudes sur son titre de capitaine français, ne se tranquillisa guère quand il se vit retenu, malgré lui, à bord du vaisseau amiral. Il y resta jusqu'au 10 juin, et fut ensuite conduit à bord d'un ponton, comme prisonnier de guerre. Au bout de quelques jours, on le mit en liberté sur parole, et sous la condition qu'il se tiendrait, pour le moins, à vingt-huit lieues de Londres, trois de Portsmouth, et autant de Southampton.

Compris, au mois d'octobre, dans un échange de prisonniers, il quitta l'Angleterre, précisément à la même époque où Lefranc et Saunois y furent conduits. A son arrivée à Morlaix, il se présenta, comme un homme rentrant des prisons de l'ennemi, devant M. le commissaire-général de police Bacaut, et lui demanda un passe-port pour se rendre à Paris. Interrogé par ce magistrat, il ne lui cacha point son nom; mais il lui dit qu'il était absent de France depuis six ans; qu'il avait habité l'Ile-de-France, où il avait formé un établissement de commerce, et qu'il revenait de cette colonie, lorsqu'il fut fait prisonnier, le 27 mai 1803, à bord du navire *l'Union*, de Bordeaux. C'est le même navire qu'il avait vu prendre, dans la Manche, par l'escadre du chevalier de Curtis. Cette réponse, faite avec assez d'assurance, parut satisfaisante à M. Bacaut, qui lui délivra le passe-port qu'il demandait.

Il se rendit à Paris. En menant une vie fort retirée, il espérait ne point éveiller l'attention de la police ; mais M. le préfet Dubois ne tarda point à lui faire savoir qu'il était informé de son retour dans la capitale, et qu'il désirait avoir un moment d'entretien avec lui. Il se présenta devant ce préfet ; il lui raconta les infortunes de tous les déportés de l'an ix, et l'instruisit de tout ce qui le concernait personnellement. Le préfet le renvoya au grand-juge, et ce dernier, touché du récit de tant de malheurs, lui conseilla de se trouver, un jour de parade, dans la cour des Tuileries, afin de parler au premier consul, et de lui remettre une pétition. Il suivit ce conseil, puisqu'il fallait que le chef du gouvernement décidât lui-même de son sort.

La troupe était sous les armes ; Bonaparte, à la tête d'un nombreux et brillant état-major, parcourait tous les rangs avec la rapidité de l'éclair. Vauversin se précipite à travers les chevaux ; Bonaparte s'arrête, et en recevant le placet : « Que voulez-vous, lui demanda-t-il ? — L'autorisation de vivre à Paris. — Qui êtes-vous ? — L'un des déportés de l'an ix. — Pourquoi avez-vous été déporté ? — Je l'ignore, puisqu'on ne m'a point interrogé. — Allez-vous en : vous êtes libre. »

Tel fut le court entretien que Vauversin eut avec le premier consul. Il en rendit compte au grand-juge, qui lui dit, comme le généralissime : « Allez-vous en, vous êtes libre. »

Il vécut tranquille à Paris, jusqu'au moment où la conspiration de Georges fut découverte. On l'arrêta, parce qu'on le soupçonnait d'avoir eu, durant son séjour en Angleterre, des relations avec les conjurés. Cette fois-ci, il fut interrogé ; mais, bien qu'on ne pût produire contre lui aucune preuve de conviction, il n'en fut pas moins détenu pendant six mois. On l'envoya ensuite à Lyon, pour y démeurer sous la surveillance des autorités constituées. Il y avait déjà plus d'un an qu'il était dans cette ville, lorsque M. le commissaire-général de police Dubois, qui s'intéressait à son sort, lui dit un jour : « Vous perdez ici votre temps, tandis que vous pourriez l'employer utilement ailleurs. On ne s'occupe plus de vous, ou, pour mieux dire, on vous a tout-à-fait oublié ; ainsi, que vous viviez à Lyon, ou tout autre part, cela revient à peu près au même. Je vous engage, en conséquence, à vous rendre à l'armée d'Italie. Je vous remettrai une lettre pour M. le général Duhesme, et je ne doute pas qu'à ma recommandation, il ne vous procure une place convenable. » Cette proposition fut acceptée avec joie. M. Dubois remit à son protégé la lettre de recommandation qu'il lui avait promise, et il lui donna la somme de trois cents francs pour ses frais de route. Celui-ci se rendit à Goritzia, dans le Frioul, où était M. le général Duhesme. Cet officier général l'accueillit avec beaucoup de bonté, et eut à son égard les procédés les plus nobles et les plus généreux. Il lui fit présent d'un de ses chevaux, lui compta la somme de six cents francs, et le recommanda, avec un vif intérêt, à M. le commissaire-ordonnateur Bondurand, qui, le 10 décembre 1805, lui remit une commission de garde-magasin. Il resta à l'armée d'Italie jusqu'en 1807. Parti avec l'expédition de Corfou, il fut fait prisonnier de guerre, le 24 août de la même année. Les Anglais le conduisirent à l'île de Malte, ensuite à Gibraltar, et enfin en Angleterre, où il fut retenu, jusqu'en 1814, époque de sa rentrée en France.

Quant aux déportés que le capitaine Hulot n'avait pu prendre sur son bord, et qui étaient restés aux îles Séchelles, les habitans se flattèrent que l'assemblée coloniale de l'Ile-de-France les ferait transporter, comme les autres, dans l'une des îles Comores ; mais il paraît que, d'après le compte rendu par le commissaire Lafitte, qui avait accompagné le capitaine

Hulot, cette assemblée, voyant qu'elle avait été trompée par de faux rapports, et craignant que le gouvernement de la métropole ne condamnât son acte arbitraire, ne voulut point ajouter à ses torts, en ordonnant la translation de ce qui restait des déportés. Les habitans, après avoir fait à cet égard les plus instantes demandes, et après s'être convaincus de l'inutilité de toutes leurs démarches, finirent par concevoir eux-mêmes des inquiétudes, et ils ne manifestèrent plus aux exilés les sentimens de jalousie et de haine dont ils avaient été animés contre eux. Il est même présumable que si, avant le départ de la corvette *le Bélier*, M. Lafitte eût fait connaître la vérité à l'assemblée coloniale de l'Ile-de-France, et eût attendu de nouvelles instructions, il aurait conservé la vie à un grand nombre d'infortunés. Il est donc à regretter qu'un homme revêtu de pouvoir, ne se soit pas cru autorisé à suspendre l'exécution d'une mesure arbitraire et injuste.

Les déportés oublièrent les torts des

habitans, et vécurent en paix avec eux. Mais la plupart ne pouvaient vaincre le désir de retourner en France, ou de se soustraire, du moins, à la surveillance sous laquelle ils vivaient ; les obstacles qu'ils avaient à surmonter, pour accomplir ce désir, ne faisaient qu'en augmenter la vivacité. On a vu que quatre de ces malheureux s'étaient rendus à Mozambique ; plusieurs autres parvinrent également à quitter les Séchelles. L'assemblée coloniale de l'Ile-de-France, qui avait prononcé un arrêt de mort contre ceux des déportés qui aborderaient à cette île, leur permit ensuite de venir s'y établir. Une partie des exilés profitèrent de cette autorisation, dans l'espoir d'employer leurs talens, et de se créer une ressource pour l'avenir.

Pepin de Grouhette trouva son tombeau aux îles Séchelles, et Moneuse mourut à l'hôpital de l'Ile-de-France. Ainsi finirent ces deux hommes, qui laissent une mémoire si funeste et si odieuse, et avec lesquels une assez grande partie des déportés de l'an ix n'auraient pas dû être confondus. Cette confusion redoublera toujours l'horreur qu'inspire un acte de haute police extraordinaire.

Derville, Ardinaux, Bormans, Delabarre, Dufour, Le Sueur et Marlet achevèrent aussi leurs jours, les uns aux îles Séchelles, les autres à l'Ile-de-France.

Il y a environ deux ans qu'il se trouvait encore dix-huit déportés, tant aux îles Séchelles qu'aux îles de France et de Bourbon. Ils sollicitaient alors, auprès du gouvernement, l'autorisation de revenir en France. Elle leur a été accordée. Plusieurs, parmi lesquels nous citerons Barbier, Châteauneuf fils, Tréhant, Richardet et Niquille, ont traversé de nouveau les mers, pour revoir cette France, dont ils avaient été bannis par un pouvoir despotique, et dont on ne sent jamais plus le prix que lorsqu'on en est éloigné. D'ailleurs, l'amour du pays ne s'éteint jamais, quel que soit le rang où le ciel nous ait fait naître, quelle que soit la situation où le sort nous ait placés.

OBSERVATIONS
CRITIQUES.

OBSERVATIONS CRITIQUES

SUR LE LIVRE INTITULÉ :

Les Infortunes de plusieurs Victimes de la tyrannie de Napoléon Buonaparte, ou Tableau des malheurs de soixante-onze Français, déportés sans jugement aux îles Séchelles, à l'occasion de l'affaire de la Machine Infernale, du 3 nivôse an IX (24 décembre 1800); par l'une des deux seules victimes qui aient survécu à la déportation.

JE commence mes observations par le titre même de l'ouvrage. Premièrement, la déportation ne fut que de soixante-dix personnes, dont trente-huit furent embarquées sur la corvette *la Flèche* et trente-deux sur la frégate *la Chiffonne*. Secondement il n'est pas vrai de dire que deux seules victimes aient survécu à la déportation, puisqu'il existait, il y a environ deux ans, tant aux îles Séchelles qu'aux îles de France et de Bourbon, dix-huit de ces déportés, et que, depuis cette époque, plusieurs sont revenus en France.

On lit, page 34 : « Je suis obligé de » rappeler à ma mémoire des faits qui y » ont été profondément gravés par la » forte impression que j'en ai reçue, mais » dont le temps et les souffrances surtout » m'ont fait oublier les dates et les dé- » tails. Je dirai donc en masse les choses » telles qu'elles se présenteront à ma » pensée. Je ne dirai pas tout peut-être, » mais tout ce que je dirai sera vrai, et » l'on peut compter sur la fidélité de mon » récit. » Il est clair que si Lefranc eût conservé le journal de ses voyages, l'auteur du livre publié sous son nom n'aurait pas été contraint de faire cet aveu ou plutôt de prendre ce détour. Cependant, cet auteur parle plusieurs fois lui-même de ce journal, car on lit, page 206 : « N'ayant aucune occupation sur la fré- » gate, je m'amusai à écrire l'histoire de

» mes voyages, etc. (1); » et page 222 :
« Je profitai de ce moment de liberté,
» pour dérober aux regards de mes en-
» nemis le journal de mes voyages. » Mais il ne dit pas ce qu'est devenu cet écrit, le même que Lefranc me remit pendant mon séjour à Lunel.

Quant à ces mots : « Tout ce que je » dirai sera vrai, et l'on peut compter » sur la fidélité de mon récit, » on sait fort bien que c'est une phrase banale dont la plupart des écrivains abusent, lors même qu'il s'agit des productions les plus absurdes.

L'auteur ne nous donne point le moindre détail sur les conspirations de 1800; il paraîtrait même douter qu'il en existât aucune à cette époque. Son silence relativement à des faits de cette importance serait inconcevable sans les motifs qui

---

(1) Cette phrase même contient une inexactitude ; car c'est, non pas sur la frégate *la Némésis* (que l'auteur nomme *la Memeris*), mais à bord d'un ponton, lorsque Lefranc était prisonnier en Angleterre, qu'il écrivit le journal de ses voyages.

l'ont commandé. Certes, Lefranc ne pouvait ignorer que Rossignol fut un des chefs du complot des anarchistes ; puisqu'il le connaissait depuis long-temps ; qu'il a été déporté avec lui, ainsi qu'avec plusieurs autres des principaux conjurés, et qu'il les a vus mourir presque tous dans une des îles Comores. Ces faits auraient dû être *profondément gravés dans sa mémoire.*

Notre historien dit, page 17 : « Quelques
» vieilles moustaches révolutionnaires se
» souvinrent que j'avais rendu grâces aux
» dieux de la catastrophe du 9 ther-
» midor ; *ils* se mêlèrent parmi les satel-
» lites du préfet Dubois, et je fus arrêté. »
Elles se seraient bien gardées, ces vieilles moustaches, de se mêler parmi les satellites du préfet ; et Lefranc n'aurait pu tenir ce langage, car il savait fort bien que c'étaient précisément les démagogues et les anarchistes que la police faisait poursuivre avec le plus d'ardeur : témoin l'arrestation de Rossignol, de Pepin, de Grouhette, de Bouin, de Mamin, de

Chrétien, de Moneuse, etc., etc. Certes, c'étaient bien là de vieilles moustaches révolutionnaires.

Tout ce que l'auteur avance, touchant l'instruction de l'affaire du 3 nivôse, est de la plus grande fausseté. Il dit, par exemple, pages 25, 26 et 27, que les prétendus véritables auteurs de la machine infernale (les royalistes) furent livrés aux tribunaux et condamnés par jugement du 16 germinal an ix (6 avril 1801); que, d'après cette condamnation, l'accusation intentée contre les républicains devenait absolument nulle; que ces derniers devaient s'attendre à être sur-le-champ mis en liberté; mais que leurs réclamations furent inutiles, etc. Il résulterait delà, qu'à l'époque du 16 germinal, les soixante-dix déportés se seraient trouvés encore à Paris. Comment l'auteur pourrait-il prouver ce fait; puisque la corvette *la Flèche*, chargée du premier transport, était déjà partie de France dès le 27 pluviôse an ix (16 février 1801)? A la vérité, la frégate *la Chiffonne*, sur laquelle se trouvaient les trente-deux déportés du second transport, ne mit à la voile que le 23 germinal (13 avril); mais l'embarquement de ces derniers eut lieu dès le 15 du même mois; et jusque-là ils étaient restés sur la Loire, dans leur prison flottante. Ainsi donc les soixante-dix déportés durent quitter la France sans être instruits le moins du monde de la condamnation des royalistes. Ce qui va encore à l'appui de cette vérité, c'est que l'auteur, qui se contredit souvent, affirme lui-même, page 28, qu'après *un mois* de détention à Sainte-Pélagie, on mit à exécution l'acte du gouvernement qui les avait condamnés à la déportation. Or, les derniers de ces individus furent arrêtés au commencement de nivôse, c'est-à-dire, plus de trois mois avant le 16 germinal.

Dans la relation entière du voyage de *la Chiffonne* aux îles Séchelles, on trouverait à peine quelques mots de vérité; quelques mots qui se rapportassent par conséquent au journal de Lefranc et au journal de navigation du capitaine Guieyesse, qui commandait cette frégate. Il est même inconcevable que l'auteur ait pu se décider à écrire un conte si ridicule et si facile à démentir. Mais poursuivons.

Il nous représente *la Chiffonne* côtoyant le continent de l'Europe, depuis l'embouchure de la Loire jusqu'au détroit de Gibraltar. C'est ainsi qu'il fait dire à Lefranc, page 34 : « Nous perdîmes de vue » les côtes de Bretagne et *les tours* de » Cordouan, » tandis que la frégate, en se dirigeant directement de l'embouchure de la Loire au large du cap Finistère, ne se trouva jamais plus près de la tour de Cordouan qu'au moment même de son départ de France; et l'on sait qu'il y a près de quarante-cinq lieues de l'embouchure de la Loire à la tour de Cordouan, située à l'entrée de la Gironde.

On lit à la page 35 : « Après quelques » jours de navigation, nous aperçûmes » l'embouchure du Tage », et à la page suivante : « Nous arrivâmes au détroit de » Gibraltar, qui semblait autrefois le » terme de l'univers habité. » Tout cela est encore de la plus grande fausseté. Lorsque le capitaine Guieyesse eut doublé le cap Finistère, il dirigea sa route vers l'île Madère, qu'il doubla à l'ouest, et il ne s'amusa pas à aller faire *admirer* aux déportés, et *les bords du Tage, et les côteaux de verdure, suspendus sur des précipices, et les plaines immenses, couvertes de moisson, de vignes et d'oliviers*, etc., qui, selon l'auteur, *contrastaient, par une sorte d'enchantement, avec l'uniformité de la surface de la mer.* Cet habile officier se serait encore bien moins avisé de conduire les détenus au détroit de Gibraltar, où rien ne pouvait l'attirer, pour leur donner l'occasion de faire des réflexions politiques et morales à la vue des côtes barbaresques. Il aima bien mieux, au lieu de faire un détour inutile, passer à cent cinquante ou deux cents lieues du détroit de Gibraltar.

L'auteur, non content d'attribuer au capitaine Guieyesse une navigation que n'aurait point faite à sa place l'aspirant de marine le moins instruit, l'accuse, pages

34, 35 et 39, d'avoir manqué d'humanité, en faisant éprouver aux proscrits des peines et des privations de tous les genres. J'ai cependant, sous les yeux, plusieurs lettres, de différentes dates, qui m'ont été confiées par le capitaine Guieyesse, et qui lui furent adressées par quelques proscrits de *la Chiffonne ;* eh bien, il n'est pas une de ces lettres qui n'atteste, au contraire, que cet officier savait allier les sentimens les plus généreux et les plus humains aux mesures sévères que sa position et les ordres du gouvernement le forçaient de prendre. La lettre suivante, à laquelle je donne la préférence, parce qu'elle m'a paru la plus curieuse, prouvera cette assertion d'une manière péremptoire.

« A bord de *la Chiffonne*, le 23 messidor
» an IX de la république française.

» Recevez, citoyen capitaine Guieyesse,
» *Tous les remercîmens que chacun vous adresse,*
» *Moins il est mérité, plus le mal est terrible :*
» *A notre état cruel vous parûtes sensible,*

» Nous remercions aussi les officiers du bord,
» Qui, pour nous soulager, furent d'un même accord.
» Redoutable marin, votre mâle courage
» A stimulé l'ardeur de tout votre équipage ;
» Fière de vous porter, *la Chiffonne* pucelle
» A soumis, par vos lois, l'orgueilleuse *Hirondelle* (1).
» Canonniers et soldats, par leur zèle héroïque,
» Battent nos ennemis : *vive la République !*

B. GUILHEMAT, *déporté.* »

L'auteur prétend qu'après avoir essuyé une horrible tempête, *la Chiffonne* fut obligée de *relâcher aux îles Canaries*, où l'on passa une quinzaine de jours, pour *réparer tous les dommages qu'avait soufferts cette frégate*. Premièrement, d'après le journal de navigation du capitaine Guieyesse, *l'horrible tempête*, dont il est ici question, n'occasionna quelque *dommage qu'à environ trois quintaux de biscuits*; secondement *la Chiffonne* ne relâcha à aucune des îles Canaries. Je ne

---

(1) Corvette portugaise, capturée le 29 floréal an IX (19 mai 1801).

m'étonne point, par conséquent, que le critique, dont j'ai eu l'occasion de parler dans ma préface, *ne pense pas qu'on s'avise jamais de consulter cette relation sur la température des Canaries, sur la position du Cap-Vert et sur la hauteur du pic de Ténériffe.* Toutefois, d'après le langage prêté à Lefranc, ce déporté aurait vu les cavernes sépulcrales qui se trouvent au pied de ce pic fameux. L'auteur, oubliant qu'il vient d'accuser M. Guieyesse d'une excessive rigueur, nous fait voir l'un des *prisonniers* allant librement, du bord de la mer, au pied du pic de Ténériffe, situé vers le milieu de l'île, sans autre motif que celui de satisfaire sa curiosité. En supposant que *la Chiffonne* eût relâché aux îles Canaries, le fait rapporté ci-dessus aurait-il, je le demande, la moindre vraisemblance ?

Je transcris le paragraphe suivant des pages 42 et 43 : « Nous arrivâmes au Cap-
» Vert sans avoir rien vu d'extraordinaire.
» Les îles de ce nom sont situées vers le
» quinzième degré de latitude septentrio-

» nale ; on les appelle ainsi parce que les
» bois, toujours revêtus de leurs feuilles,
» *ombragent le Cap*. Il forme la partie la
» plus occidentale de l'Afrique, etc. »
On voit que l'auteur, qui annonce dans
tout l'ouvrage l'ignorance la plus complète
en géographie, confond ici le Cap-Vert
avec les îles de ce nom, dont les plus
proches du continent sont à cent trente
lieues du Cap. La vérité est que *la Chiffonne* ne relâcha pas plus au Cap-Vert
qu'aux îles Canaries, car elle passa au
large des îles du Cap-Vert, et par
conséquent à plus de deux cents lieues
du Cap.

En consultant toujours le journal de
navigation de M. Guieyesse, on voit,
comme je viens de le dire, que *la Chiffonne*, naviguant *au large des îles du
Cap-Vert*, se dirigea directement vers la
ligne, qu'elle traversa quelques jours après
par les vingt-cinq degrés de longitude occidentale du méridien de Paris. Cette frégate fut ensuite entraînée, par les calmes
et les courans, dans le voisinage des côtes

du Brésil. Notre fidèle narrateur, qui nous a déjà représenté *la Chiffonne* côtoyant le continent de l'Europe, depuis l'embouchure de la Loire jusqu'au détroit de Gibraltar, nous la représente ensuite côtoyant, comme auraient pu le faire les vaisseaux du temps de Vasco de Gama, le continent de l'Afrique, depuis le Cap-Vert jusqu'au cap de Bonne-Espérance ; et cela, pour avoir l'occasion de nous parler des côtes de Guinée et d'Angola et de nous faire connaître *la barbarie des peuples civilisés envers les sauvages de l'Afrique.* Ne trouvera-t-on pas fort extraordinaire, d'après la navigation réelle de *la Chiffonne*, que les proscrits, qui touchaient presque aux côtes du Brésil, aient pu être, comme le prétend notre auteur, *pénétrés de la plus vive indignation en voyant sur les côtes de Guinée ou d'Angola l'embarquement de deux cents malheureuses victimes de tout sexe et de tout âge?* On avouera du moins que les larmes répandues par ces proscrits ne leur avaient point affaibli l'organe de la vue.

M. d'Après de Manneyillette a combattu l'opinion des navigateurs qui croient nécessaire de passer la ligne à l'ouest du vingtième degré de longitude occidentale ; et cependant voici comment il s'exprime, lui-même à ce sujet, dans son Instruction sur la Navigation de France aux Indes Orientales : « Après avoir examiné les
» différentes circonstances où l'on peut se
» trouver, il ne paraît pas qu'on doive
» passer la ligne équinoxiale *plus vers*
» *l'est,* en allant dans les mers orientales,
» *que par quatorze à quinze degrés de*
» *longitude occidentale, méridien de*
» *Paris.* » Or, ces quatorze à quinze degrés sont à la distance de cinq cent quinze à cinq cent quarante lieues du continent de l'Afrique, dans la direction de l'équateur. Cette route, en effet, paraît la plus convenable ; parce qu'en passant la ligne à l'ouest du vingtième degré de longitude, les vaisseaux allongent inutilement le trajet, et qu'en passant beaucoup trop à l'est, ils risquent de s'affaler dans le coude que le continent de l'Afrique forme vers ces parages.

Si notre auteur eût pris la peine de lire ce que M. d'Après de Mannevillette et d'autres autorités respectables ont écrit sur la navigation de France aux Indes orientales, ou s'il eût jamais entrepris lui-même un voyage de long cours, il aurait sans doute fait tenir une autre route à *la Chiffonne*. Mais quel dommage, de renoncer à tout ce qu'on peut dire de *neuf* et d'*intéressant* sur le commerce et l'esclavage des nègres de l'Afrique !

Le capitaine Guieyesse prit une corvette portugaise à environ deux cents lieues de la côte du Brésil, et notre auteur nous apprend que c'est après avoir doublé le cap de Bonne-Espérance que *la Chiffonne* fit cette prise. Quant à la force de la corvette, aux détails du combat, aux prisonniers, etc., il ne nous en dit pas un seul mot.

L'auteur, qui peut-être s'imagine qu'on ne saurait aller de l'embouchure de la Loire aux îles Séchelles sans côtoyer le continent de l'Afrique, ne parle, en aucune manière, de l'intéressante navigation de la corvette *la Flèche*, qui était chargée du premier transport des proscrits, afin, vraisemblablement, de ne pas répéter ce qu'il avait déjà dit sur la traite des nègres. Il laisse même ignorer quand et comment cette corvette est arrivée aux îles Séchelles.

Mais, le croirait-on ? nous perdons, dans le port même de Mahé, à la vue des déportés, et après deux terribles combats, les deux vaisseaux qui avaient servi à la déportation, et l'auteur garde encore le silence le plus absolu sur un objet de cette importance.

Il n'est pas vrai de dire que les déportés achevèrent, dans l'île d'Anjouan, l'obélisque dont l'auteur donne le plan géométral, et le plan relevé : on n'en posa que les fondemens. La grande case même, qui était un objet bien plus intéressant pour les proscrits, ne fut pas achevée. Ainsi, tout ce qui suit la description de cet édifice est dû entièrement à l'imagination de l'auteur. Encore a-t-il fallu, grâce à ses soins, que la malheureuse case changeât d'aspect et perdît presque totalement la simplicité de sa structure agreste.

Ce fut, non point parmi les habitans d'Anjouan que se déclara une maladie épidémique, mais bien parmi les proscrits, qui n'étaient pas aclimatés, et qui se trouvaient sans cesse exposés aux intempéries de l'air.

L'auteur, qui ne fait connaître ni les symptômes, ni les rapides progrès, ni le genre de cette affreuse épidémie, dit simplement, page 71, qu'elle moissonna, en trois semaines, dix-huit déportés, et que *plusieurs autres*, justement effrayés, partirent pour l'île Comore; et, page 79, on lit que vingt-huit déportés étaient morts à Anjouan, et qu'il n'y en restait plus que quatre : or, vingt-huit et quatre font trente-deux, nombre accusé par l'auteur, page 69. Quels étaient donc ces *plusieurs autres* déportés qui partirent pour Comore ? On serait presque tenté de croire, à propos d'épidémie, que l'auteur avait lui-même la fièvre, quand il a pu écrire des choses si peu raisonnables. La vérité est qu'il mourut vingt et un proscrits à Anjouan. Si l'auteur eût pris le parti de les nommer, il aurait évité une semblable erreur. Mais, comme nous l'avons déjà dit, cela n'entrait pas dans le plan qu'il s'était formé.

Notre historien nous apprend, pages 75 et 79, que les proscrits firent un séjour de quatre mois à Anjouan, et que le compte de leurs dépenses s'éleva à quinze mille piastres. Examinons, par un calcul fort simple, si cela est vraisemblable. Il faut savoir d'abord qu'il fut stipulé des conditions à l'égard de ces proscrits.

Les quinze mille piastres, à raison de cinq francs trente centimes l'une, auraient fait soixante-dix-neuf mille cinq cents francs pour quatre mois, et, par conséquent, deux cent trente-huit mille cinq cents francs par an. Ainsi, la dépense de chaque proscrit (ils étaient trente-trois) se serait montée, par an, à sept mille deux cent vingt-sept francs vingt-sept centimes. Je demande s'il est présumable que l'assemblée coloniale de l'Ile-de-France, au nom de laquelle les conditions furent stipulées, eût consenti à payer annuellement une somme si considérable pour la simple nourriture de chacun des trente-trois proscrits qu'elle avait fait jeter sur le rivage de cette île.

Le bois fourni pour la construction de la case, n'était point compris dans ce compte, parce qu'il est excessivement commun à l'île d'Anjouan, et que la case restant au roi, il profitait, sans bourse délier, du travail des proscrits.

Le compte montait à quinze cents piastres, ou sept mille neuf cent cinquante francs, ce qui était encore plus que raisonnable; car le roi d'Anjouan, malgré l'abondance des vivres dans cette île, faisait nourrir fort mesquinement les proscrits. Il faut encore considérer que les deux tiers de ces malheureux furent enlevés par l'épidémie avant que les quatre mois se fussent écoulés.

Il paraît que Lefranc a dit *en masse* tout ce qui lui est arrivé dans l'île Comore.

L'auteur, obligé de suppléer à ce manque de détails, a, selon sa méthode, totalement dénaturé les faits. Est-il croyable, par exemple, qu'après un naufrage, le nègre Fernand, l'un des trois esclaves que l'assemblée coloniale de l'Ile-de-France avait fournis aux déportés, ait abandonné ses maîtres (car il n'avait point encore reçu sa liberté, quoiqu'en dise notre historien), auxquels il était si dévoué, pour aider d'autres noirs à déchirer une barque appartenant à un Arabe qu'il ne connaissait point ? C'était bien assez de tous les nègres de l'équipage, qui restèrent sur le bord de la mer pour tâcher d'amener à la côte cette barque, qu'ils avaient l'intention de réparer et de remettre à flot. Fernand ainsi que les deux autres esclaves accompagnèrent les déportés. D'ailleurs, l'auteur fournit lui-même la preuve de ce que j'avance ici; car, après avoir parlé, page 92, d'un changement de lieu, il dit, page 98, que Fernand prévint Lefranc d'un complot tramé contre lui, et on lit, page 99, que ce nègre était *demeuré au bord de la mer pour démolir le vaisseau*. Il ne pouvait pas être allé dans l'intérieur de l'île et être demeuré tout à la fois au bord de la mer. Tant il est vrai que quand on s'écarte de la vérité, il est bien difficile d'éviter les contradictions.

Notre auteur, qui connaît si peu la position des lieux et l'histoire des peuples, ne voit partout que des sauvages et des cannibales. Selon lui, l'interprète de Zanzibar est l'homme des déserts; les banians sont des sauvages, et les nègres de la côte de Zanguebar, des mangeurs d'hommes. Suivent après, entre les sauvages et les peuples civilisés, de belles comparaisons, qui ne sont néanmoins jamais à l'avantage de ces derniers. Il est certain que les proscrits ont rencontré des âmes compatissantes chez des peuples presque étrangers à la civilisation; mais en cela il n'y a rien de bien étonnant, car, dans un pays quelconque, il est impossible que tous les cœurs soient fermés à la pitié et à la bienfaisance; et ces qualités précieuses ont toujours plus de charmes là où elles sont le plus rares. Il ne faut donc pas conclure de là, comme l'auteur le fait à chaque instant, que nous valons moins que les Arabes et les sauvages de l'Afrique. Il aura beau citer quelques exemples en faveur de ces Arabes et de ces Sauvages, il ne persuadera personne, et l'on n'en préférera pas moins vivre chez les nations entièrement civilisées. Lefranc et Saunois n'en ont-ils pas eux-mêmes fourni la meilleure de toutes les preuves, en venant braver tous les périls qui les attendaient en France, plutôt que de demeurer parmi les peuples dont notre auteur vante si souvent l'humanité et la bienfaisance, malgré les épithètes peu flatteuses dont il se sert à leur égard ?

On voit, page 142, que le capitaine Marchand allait à la recherche de quatre-vingts individus condamnés à la déportation *par le gouvernement de l'île Bourbon* (il est inutile de faire remarquer que ce nombre de déportés est pour le moins exagéré, lorsqu'il s'agit d'une île de cinquante lieues de tour), et, page 170, on lit que ces mêmes individus avaient été proscrits *par le gouvernement de la métropole*. Je me suis vu obligé, pour ne pas trop multiplier mes observations, de passer une foule d'inexactitudes de ce genre; mais celle-ci me conduit naturellement à parler d'un certain M. Duvivier, beau-père du capitaine Marchand, qui, selon l'auteur, faisait partie des personnes proscrites par le gouvernement de l'île Bourbon, ou par celui de la métropole, comme on voudra, et qui se trouvait à l'île Saint-Thomas pendant le séjour que les proscrits firent dans cette île. Je puis assurer que Lefranc n'a jamais vu ce M. Duvivier, auquel l'auteur fait jouer un grand rôle, et qu'il n'en a jamais été question, ni dans le journal de Lefranc, ni dans aucune des narrations de ce déporté. Ce M. Duvivier, *ce citoyen vertueux, ce respectable vieillard* est un être imaginaire et de l'invention de l'auteur, qui tue et fait vivre les gens au gré de sa plume mensongère. En veut-on d'ailleurs une preuve convaincante ? La voici :

Après avoir quitté l'île Saint-Thomas, Lefranc et Saunois furent faits prisonniers, par un bâtiment anglais, le 8 juillet 1803, et ils sont rentrés en France le 8 novembre suivant : comment eût-il donc été possible que ce certain M. Duvivier annonçât à Lefranc, dans un long discours politique (1), tenu à l'île Saint-Thomas, le couronnement de Bonaparte, qui n'eut lieu que le 2 décembre 1804 ? A cette époque, Lefranc et Saunois se trouvaient depuis long-temps à Lunel, attendu que la lettre du préfet de l'Hérault, qui les mettait sous la surveillance des autorités locales de cette ville, est du 14 nivôse an XII (5 janvier 1804), et qu'une somme de quarante francs fut envoyée, au maire de Lunel, le 9 pluviôse suivant (30 janvier 1804), pour le premier mois de subsistance de Saunois. Ce que j'avance ici pourrait être facilement vérifié, soit à

(1) Page 177.

Montpellier, soit à Lunel, et je ne cours aucun risque de recevoir un démenti. J'en ai la preuve incontestable. Fiez-vous aux auteurs qui font imprimer, avec les apparences de la plus grande franchise, des phrases semblables à celle-ci : « Je ne dirai pas » tout peut-être, mais tout ce que je dirai » sera vrai, et l'on peut compter sur la fidé- » lité de mon récit. » La belle garantie !

Mais supposons, pour un moment, que l'être imaginaire dont il a été question, ait réellement existé : ne trouvera-t-on pas encore fort extraordinaire que cet habitant de l'île Bourbon, ce vieillard, représenté comme proscrit, errant et fugitif, que les circonstances de la guerre auraient dû laisser dans une ignorance presque totale de la vraie situation de la France, ait pu entrer dans tous les détails que renferme le discours qui lui est attribué ? Et que penser de ces douze mille francs que ce proscrit prête à un autre proscrit, qu'il ne connaît pas et qu'il voit pour la première fois ? En vérité, cela serait à peine supportable dans un roman.

On lit, page 180, un passage que j'ai besoin de copier, pour en mieux faire sentir le ridicule, j'oserai même dire l'extravagance.

« Nous partîmes (de Saint-Thomas)
» au mois de mai, *première année du*
» *règne de Napoléon* . . . . . .
» . . . .
» . . . .
» lorsque nous arrivâmes à la hauteur
» des Açores, près le grand banc de
» Terre-Neuve (1), nous fûmes tout-à-
» coup accueillis par un temps affreux,
» et nous éprouvâmes une tourmente
» pendant laquelle je souffris beaucoup,
» mais qui fut plus cruelle encore pour
» l'équipage ; nous fûmes jetés à une
» hauteur prodigieuse, et à peine avions-
» nous éprouvé quelque calme, qu'une
» tempête plus affreuse encore nous
» poussa *vers les côtes de l'Arabie* ;
» nous fûmes la proie des vents et des

_____
(1) On voit qu'avec cet auteur, aucune navigation ne se fait sans côtoyer, peu ou beaucoup.

» orages pendant *trente - trois jours*;
» craignant à chaque instant d'être en-
» gloutis dans les flots. Il était impossible
» de nous diriger, et *nous touchâmes*
» *au cap de Bonne-Espérance*, à l'ins-
» tant où il ne nous en restait aucune. »

Voilà certes une jolie description et un heureux jeu de mots! Nous voyons un navire devenu, pendant trente-trois jours, le jouet des vents, des orages et des tempêtes, qui, à ce qu'il paraît, enveloppaient des deux hémisphères; ce navire, poussé de la hauteur des Açores, vers les côtes de l'Arabie, passe par conséquent la ligne, double le cap de Bonne-Espérance, enfile le canal de Mozambique, et va au-delà du détroit de Bab-el-Mandeb; ce qui fait d'abord un trajet d'environ quatre mille lieues; ensuite ce bâtiment vire de bord, et parcourt encore une distance de plus de seize cents lieues, pour venir jeter l'ancre au cap de Bonne-Espérance! Et tout cela, par l'effet des tempêtes et dans l'espace de trente-trois jours! Depuis l'invention de la boussole, je ne crois pas qu'aucun navigateur ait rien vu de semblable. Aussi notre auteur a-t-il la naïveté d'ajouter : « Il était temps d'arriver à terre..... » Oh, sans doute !.... Mais, heureusement pour le navire, toutes ces tempêtes ne se sont jamais élevées que dans la tête de notre auteur, lequel a l'esprit fertile en fait de tourmentes de tous les genres.

Manoel de Mesquitta-Perestrello, qui commandait une corvette portugaise, et que le roi Don Sébastien envoya, en 1575, pour reconnaître et examiner la côte d'Afrique, depuis le cap de Bonne-Espérance jusqu'au cap des Courans, dit au sujet d'une furieuse tempête : « Ce ne
» fut qu'avec beaucoup de difficulté que
» je doublai le cap des Aiguilles. Cette
» tempête fut *si violente*, que, pendant
» *un jour et demi, qu'elle dura*, elle me
» porta aux îles *Chaans*, qui en sont
» éloignées de plus de *cent lieues*. L'é-
» quipage y arriva si fatigué, particuliè-
» rement du travail des pompes, et du
» soin de jeter l'eau, qui entrait de toutes

» parts, que, *si la tourmente eût duré
» plus long-temps, il n'aurait pu y ré-
» sister.* » Quelle différence de la simple vérité au plus grossier mensonge.

Ce qu'il y a encore de fort singulier, dans les Infortunes de plusieurs Victimes de la tyrannie de Napoléon Buonaparte, c'est que l'auteur, qui continue son roman, après avoir conduit, comme on l'a vu, Lefranc et Saunois au cap de Bonne-Espérance, les fait aussitôt embarquer pour Batavia, capitale des établissemens hollandais aux Indes ; et distante de quatre mille sept cents à quatre mille huit cents lieues de la France. Quoi ! ces proscrits, qui avaient tout tenté pour retourner dans leur patrie, se décident, lorsqu'ils sont jetés par la tempête au cap de Bonne-Espérance, lorsque l'un d'eux *est possesseur d'une somme de cinq cents louis*, lorsqu'enfin ils peuvent attendre et trouver facilement, aux lieux de leur relâche, une occasion favorable pour se rendre en Europe, se décident, disons-nous, à passer à l'île Java ! Non seulement le fait est de la plus grande fausseté, mais il manque encore de ce degré de vraisemblance que l'on exigerait dans un roman, à moins que le romancier (et ce n'était point l'intention de notre auteur) ne voulût peindre des hommes bizarres, qui ne forment des projets que pour y renoncer quand arrive le moment de les mettre à exécution; des hommes capricieux comme ce Tigellius dont parle Horace dans une de ses satyres.

Lefranc et Saunois n'ont pas plus relâché au cap de Bonne-Espérance, qu'aux îles Canaries et au Cap-Vert; ils n'ont jamais mis le pied dans Batavia; il ne leur est jamais venu l'idée d'aller dans cette ville, et ils n'en ont jamais eu l'occasion. D'ailleurs, je le demande encore, comment cela aurait-il été possible, puisque ces deux proscrits ont quitté l'île Saint-Thomas au commencement de juin 1803; qu'ils ont été faits prisonniers le 8 juillet, et que c'est le 8 novembre de la même année qu'ils ont reparu sur le territoire français? On voit comme l'auteur apocryphe a tenu sa promesse, de ne dire que la vérité.

Je termine ici mes observations. J'aurais pu cependant les augmenter prodigieusement, si j'avais pris à tâche de signaler toutes les assertions fausses et toutes les erreurs qui fourmillent dans la seule partie du livre dont je viens de faire la critique. Le reste de l'ouvrage est écrit avec aussi peu de fidélité. Mais il ne faut point abuser de la patience du lecteur.

F I N.

ERRATA.

Page 188 ligne 6. à ces maîtres, *lisez* : à ses maîtres.
— 205 — 1. des ces, *lisez* : de ces.
— 206 — 21. se livrèrent aussitôt l'espoir, *lisez* : se livrèrent aussitôt à l'espoir.
— 208 — 20. il s'y trouvent, *lisez* : ils y trouve.
— 237 — 23. le Némésis, *lisez* : la Némésis.

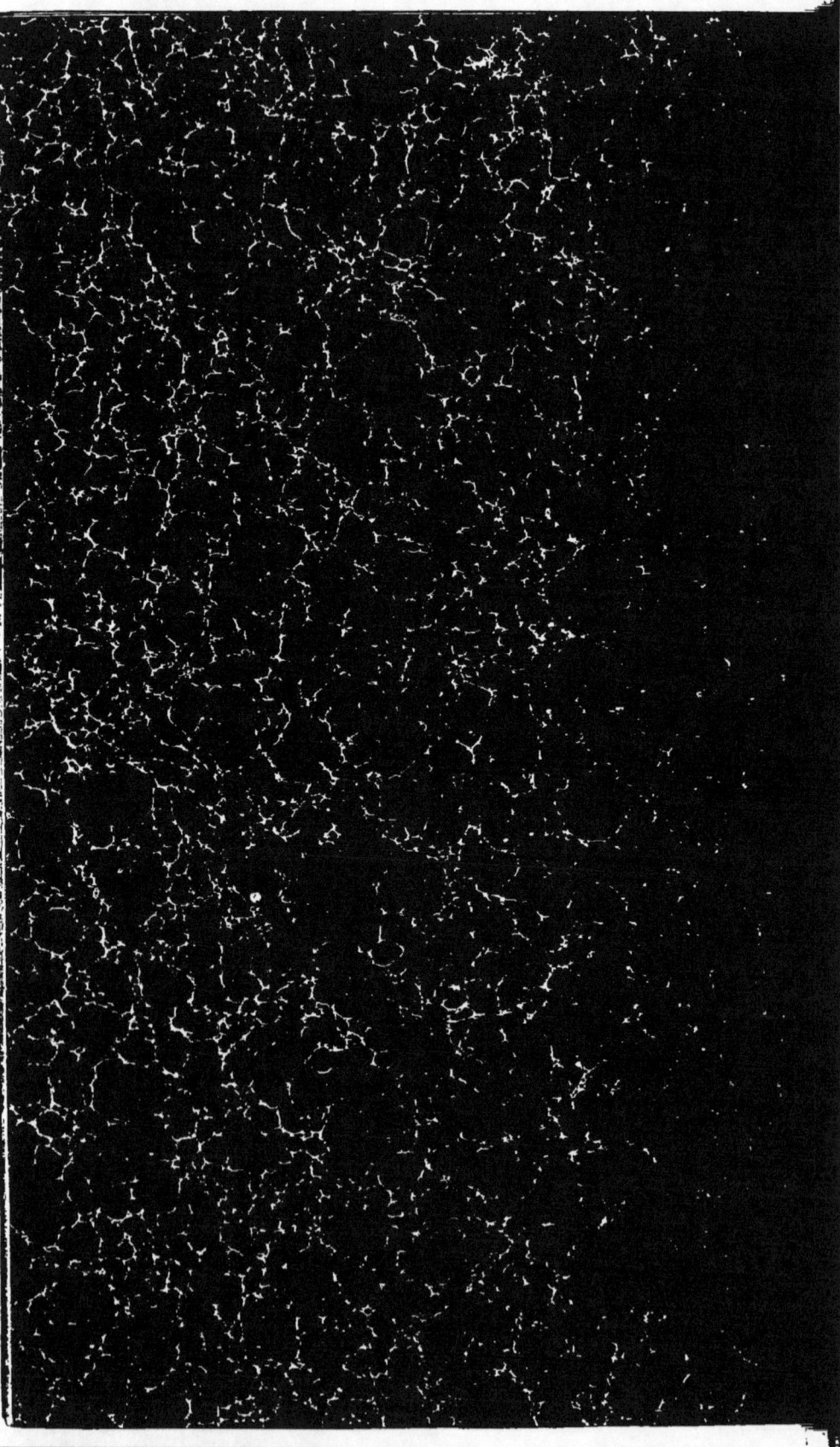

www.ingramcontent.com/pod-product-compliance
Lightning Source LLC
Chambersburg PA
CBHW070841170426
43202CB00012B/1903